枕灯偶记

苏小白 著

沈阳出版发行集团
沈阳出版社

图书在版编目（CIP）数据

枕灯偶记 / 苏小白著 . — 沈阳：沈阳出版社，
2020.9
ISBN 978-7-5716-1054-8

Ⅰ . ①枕… Ⅱ . ①苏… Ⅲ . ①随笔—作品集—中国—
当代 Ⅳ . ① I267.1

中国版本图书馆 CIP 数据核字（2020）第 128818 号

出版发行：沈阳出版发行集团|沈阳出版社
（地址：沈阳市沈河区南翰林路 10 号 邮编：110011）
网　　址：http：//www.sycbs.com
印　　刷：辽宁泰阳广告彩色印刷有限公司
幅面尺寸：130mm × 190mm
印　　张：6.75
字　　数：135 千字
出版时间：2020 年 9 月第 1 版
印刷时间：2020 年 9 月第 1 次印刷
责任编辑：沈晓辉
装帧设计：杨　雪
责任校对：日　光
责任监印：杨　旭

书　　号：ISBN 978-7-5716-1054-8
定　　价：45.00 元

联系电话：024-24112447　024-62564922
E - mail：sy24112447@163.com

序言

重申此世的风流雅趣

胡少卿

苏小白的《枕灯偶记》是一本很特别的书，从形式到内容，都非常之古典。在形式上采取了片段体这样古人常用的体式，因中国古人著述，不重体系，重随时之灵悟，故古代多片段体；内容上，则充满古典之闲情逸致，以浅白文言道出，盎然有古意。

此书从文学、文章之做法谈起，继而谈为人处世之道，谈日常生活之乐，谈玩物之心得，兼论中医养生之道。这些内容可谓驳杂，而不觉其杂，盖因此中有一统一精神贯穿，即视人生为一诗情画意之旅途的人生观。在作者看来，人生和文学一样，同样是一种作品，需要阅读、欣赏、体味，人生的衣食住行，皆有情趣蕴涵其间，非懂行者不能领受也。请看此则：

春闲日，儿子窗内读书，女儿廊下嬉闹，老妻房内叠衣，我自洒扫庭除。天将午，当做一锅杂烩菜团团坐吃最妙。吃杂烩菜，宜卷烙馍、佐白酒，吃三四口菜呷一盅酒，如临窗当卷帘，握杯时瞥一眼帘外花枝繁乱，都不管，且吃且一家人闲谈，究忘了今夕是何年。

此种平常生活，我辈常常亲历，而不觉其美妙，在小白笔下则诗意盎然，使人神往，盖因有诗人之眼观之，有慈悲之心怀之。书中所述，在在如此则般优美而富人间烟火气，雅致而无陈腐冬烘味。能达到这样的境界殊为不易。一方面需要现实的经济基础，可有余暇在生存压力下信步闲庭，一方面需要相当的心灵修养，能跳脱出俗世之桎楷。苏小白是一个诗人，既写新诗，亦擅古诗词，均饶有意趣，他还习中医、临汉碑、写墨竹、制馔饮，游历四方，侧身诸界，兴趣广博，灵悟常临——非如此不能成就一部《枕灯偶记》也。

二十世纪以来的中国人，力倡在现代生活中保留古人之情趣的，突出者当推周作人。他在《喝茶》《北京的茶食》等一系列散文中，皆慨叹现代生活的“干燥粗鄙”，重申“游戏和享乐”的意义：

我们于日用必需的东西以外，必须还有一点无用的游戏与享乐，生活才觉得有意思。我们看夕阳，看秋河，看花，听雨，闻香，喝不求解渴的酒，吃不求饱的点心，都是生活上必要的——虽然是无用的装点，而且是愈精炼愈好。

周作人所倡此种生活情境，并非一味颓废退缩，而是隐含着他的救世之道。倘人人均可如此救出自己，过上“暮春者，春服既成，冠者五六人，童子六七人，浴乎沂，风乎舞雩，咏而归”的优游生活，则社会自成理想社会。今天吾辈所面对之时代，抑郁症愈益增多，心理治疗师成朝阳产业，人世犹如煎锅，驱动各年龄层人众奔走不已。苏小白之书，在此异常繁忙、焦虑之世，重申种种风流雅趣，其中自然也包含了他的社会见解。若人人均可赏此雅致，则此乡此土已是乐土，此民此人皆为自由民也。

2020 年 8 月

（序言作者为对外经济贸易大学中文学院教授）

目录

catalogue

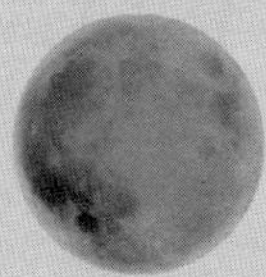

|第一辑|

窥月闲笔

KUI YUE XIAN BI

一

年少做文慕美辞，及长穷其理，今时做文唯寄闲情而已。

二

少年文章，时见悲愤心；老来文章，满纸闲适气。

三

做文章，这技法、那弄法，到头不敌一个活法。习医道，这祖传、那师传，终究难胜一个心传。

四

文章需做给懂的人看，如无人能解其中三昧，便可不做也，且去赏春光，厮混于江湖，充当一个浪人，如此消磨一番，不亦快哉！暮春天气，摆调三四道菜，觉着有朋来，朋不来，且自斟自饮，复又吟出“风来门自开，花落枝犹香”句，如此享乐半晌，不亦快哉！

五

少时不顽劣不得童趣，青年不霸气不能立身，中年不露峥嵘不可谓施展抱负，然后或归田养母或遁世著书，断断不可赖在江湖以挡青年之路！

六

隐居竹林之间，闲听鸟鸣二三，偶尔做书六七行，总是把江湖忘。

七

凡有人处即江湖，人走江湖须配刀，刀出鞘非争名夺利，为助弱扶贫也。隐居竹林生自在，人得自在须捏笔，笔墨不著官样文章，唯托寄闲情矣！

八

半生爱丘山，不慕殿堂；处世喜冲淡，不赴宴乐；居处种竹，不植桃李；闲时对鹤，恶听狗吠；常读无用书，愿做闲散人。

九

人生修炼三法：一曰害病，二曰失败；三曰娶倔妻。娶倔妻以磨心性，失败以晓人情，害病以知养生。

十

养生固然用拘束法，偶尔放逸，犹若侧身行于悬崖窄径，豁然见到开阔地，究会收获一场惬意的受享，如此不亦人生快哉事！

十一

春日养生，宜勃兴法；夏日养生，宜助兴法；秋日养生，宜节兴法；冬日养生，宜隐兴法。隐法，即行闹市也入深山；节法，惟歇止小节也；助法，即顺意；勃法，意宜远。人无小疾，多致大病；事无稍损，其功难成。女人不小性，难痴情也；男人不大度，壮志难达酬也。

十二

游玩之法，宜携妻将子，不宜呼朋唤友，更不宜独游。独自出游，如一人独贪盛宴，有不能消受之苦，无分享之趣也；友朋相约，呼啸来去，终有裹挟处，不得畅其意；携妻将子寻民居住下，厮混于当地土著之间，吃小吃，玩僻处，忽然而去，人惊问房主："你家亲戚多时走了？"甚妙。

十三

玩山水，需一颗逸心；做文章，需得一颗闲心；行世间，必具一颗侠心；为医道，要有仁心。

十四

春宜观山，夏宜看海，秋宜赏林，冬宜踏原。春山空寂，有一段泉声，便有一段禅意；夏海澎湃，有一簇浪花，便有一簇诗情；秋林萧疏，有一分蝉鸣，便有一分高古；冬原苍茫，有一番飘雪，便有一番高洁。

十五

种花园子宜小，草坪院子宜大。铁篱笆最俗，若漆白，配篱下红花倒也好，若漆黑，定植白玫瑰妙；木质篱笆下不宜种草，栽几棵瘦菊有野逸；若取冬青、苍松或翠竹做篱笆墙当然好，只是冬青要剪齐腰深、苍松高处妙、养竹子要大个的好，三者之内，必辟石径。若种花可檐下，若满院种花，日光月下赏薰衣草最为浪漫也！

十六

前院篱边或石墙之下宜种三五堆瘦菊，以作告诉，此宅主人好隐逸。然菊左右必植玫瑰相映衬，来道明心系红尘也。后院必栽竹，清正疏朗，乃君子之风，与前院繁杂花互衬，是斑驳不掩其修明也。值此当撰一联："天下第一不俗不雅院落，世间无二亦庄亦谐骚客"，横批为："不正经人"。不知可否？侵晨一笑。

十七

园内花木，非养护不能活；过度养护亦不能活。临碑习书，非循章法不能成学；拘泥章法亦不能成学。世间万事，着眼一个“度”字，于度内挥洒而不逾矩便见精神，非此则颓靡不堪矣！

十八

雨天宜读书，灯下宜与妻相对。夫妻夜话，其实无话最妙，末了只一句“不早了，明天还有好多事，睡吧”其境最佳；读书不宜读正经书，比方医道、挣钱秘籍等，皆不要读，宜择一两本闲书，胡乱翻着，偶尔听到窗外雨声渐来得稠了，甚好。

十九

春花夜，宜赏曹全，以添秀雅之气；夏雨夜，宜习礼器，以资清瘦之享；秋风日，宜观石门颂，以籍不羁之情；冬雪天，宜临张迁碑，以养醇厚之神。

二十

中国书体的演变，一言以蔽之，皆于“阴阳”二字上流连。阴者，精神也；阳者，物质也。篆籀象形，狂草着意，分据阴阳二端，至于汉隶则性情大过法度，唐楷法度大过性情，其中阴多阳少或阳多阴少，然阴阳互参者，行书无疑，国人向以中庸之道行世，行书不犯风险、阴阳兼具，是故人人争相习之。

二十一

书体一有成规，便流俗，是故汉隶碑碑出奇，唐隶字字刻板也。为书之道，讲究腕力者，一纸匠气；着心力，满篇生意，此乃我不喜蔡邕书然独恋苍山题记之故也。

二十二

历代书体，我推汉隶为第一。篆籀繁难，真书拘板，草体飘浮，唯行体俊雅不失逸韵，然与汉隶相交，总要输却一段朴拙意趣矣！

二十三

康南海论人虽多有不可取，然论书之法却颇中的，其重碑临尤为我所认同。历代碑书多民间书家所为，朴茂出于自然，秀雅不失逸致，与帖体相较，犹山菊之比于圃卉，野茅之比于室兰，多胜于盎然生意也！

二十四

礼器、乙瑛，碑中之君子；石门颂、芗他君，碑中之浪人。

二十五

乙瑛碑体严谨不失俊逸，犹富家闺阁女艳妆而萌春意；苍山题记则如乡野小姑，花布裹头，臂挎荆篮，穿林跳溪一过也。二者相较，我心紧随苍山不去，竟难迈野眼也。

二十六

景君碑，碑中青主；石门颂，碑中嵇康。嵇康狂放不羁，石门书体放浪形骸，皆浑然不理俗人眼；青主恋旧朝，清高不屈，景君字古意茂然，曳脚多用籀笔而又峭拔傲立，皆一身两代习气耶！

二十七

汉三老碑号为“浙江第一石”。吴昌硕评其“文字浑古遒厚，介篆隶间”。初观其书体，右四列似非一人之书。只是因着那下二列一列用笔古拙，字体趋方；一列浑厚苍劲，笔势洒脱。上二列一列笔画清劲，宗礼器之笔法；一列字体秀逸，源曹全之笔意。此碑之体制也见别致，实属眼见汉碑之特例也！然人不疑之，反疑肥致，是肥致为我所重而三老为大聋辈所急救乎？一笑。

二十八

太尉碑不存，县令碑耀世；大才隐于野，宵小显于庙堂，今古一理也。

二十九

赵王刻石摩崖之书体亦篆亦隶，用笔圆润纵横，或线条或方笔，蚕头燕尾乍见矣！李后墓塞石，笔意恣肆，笔锋遒劲如铁，结字稚嫩朴拙，后世礼器碑之瘦劲、张迁之苍拙或多出于此焉！

三十

若人之一生似《大开通碑》之境遇不亦美哉！此碑字体随意挥洒，自成奇崛，参差错落，古秀天真，百代而下，无从摹拟，号为神品。此碑乍出，便极为世人推崇，被赞为“书法奇劲，古意有余”。然其于繁华之巅悠然遁世，遥不见踪迹凡六百余年，其间沦落尘埃，遍体苔藓，待重出世，宛然如初，依旧惊艳。壮哉此碑！美哉此碑！小白更衣沐浴相拜！

三十一

孟初碑二度沉水，一时沦落，水漶沙蚀半壁凋泐犹见其仪态自如，气宇轩昂；虽堕入市井因其穿仍为人汲水作摇辘之用，物尚能如此，人焉有不可忍哉！待金氏访得嵌于二堂壁间，顾寿彤建亭珍爱，一朝响动为天下知，其间冷暖，非关物事，此乃世情也！向金与顾氏倘非贵为知府，不识金石而重之，今世有几人得临孟初乎？

三十二

碑中张景，其俊逸不逊乙瑛，端庄犹胜曹全，然其名器不抵曹、乙，此诚庸俗世道之所致矣！世道庸俗，庸人多，不辨高下者多；俗人多，随波逐流者多，张景要出头，非名人议论题跋难矣！可笑世间，非独张景碑有此境遇也！一叹。

三十三

书家不学隶，则为草易轻浮、为楷多死板。隶书以东汉碑刻为最，然各碑又有其标致也，曹全之俊秀、张迁之拙朴、礼器之瘦劲等，约略可从五凤二年石刻中窥端倪。比如五字运笔细韧、凤字外方内圆、年字竖笔之俊朗波折之飘逸，各具礼器、张迁、曹全之独到风韵也！

三十四

临碑最忌刻板，一点一画毕肖，亦“活死人”而已。惟揣摩其间气韵，得其神采，以为我之补汲，方谓得临碑之妙旨。文人画竹，勿工形似，其杆、其节、其枝叶，笔墨所至务在托寄清志孤情。

三十五

眉公教我隐逸，枕草子教我闲逸。隐居不忘济世，常习岐黄之道；消闲亦有激荡，灯下偶临石门颂也。

三十六

曹全碑，是书中《西厢》，旖旎秀美也见剑拔弩张；石门颂，是书中《水浒》，苍茫疏犷不失情深意长。

三十七

临乍阴乍晴之春色，吃亦荤亦素之闲馔，过不俗不雅之生活，我谓之小日子。能过小日子者，必有大悲喜、大跌宕而神闲气定者，必有巨眼认透世间之腌臜事，有别胸而逸然出脱者，非名利宵小辈所能安稳哉。

三十八

男子需会厨艺，女子需擅骑马，如此方可谓奇男妙女。若男子只知横刀立马，惯唱大江东去，终究一枚勇夫莽汉，不知庖厨之精微，难得治天下之机玄也；如女子一味吴侬软语，雪肌玉骨，毕竟是帐里妖精，难得飒爽之气，不能共尽甘苦也！

三十九

厨房之乐，在于构思、烹制、布桌和享用也，尤以构思与布桌二处为妙极。构思必先细致体察食客体质为要紧，然后据现有食材巧妙配伍，合理化裁，方得营养之美味；布桌以展示成果，非统揽全局者不得其中之惬意也。然世人多讲烹制之术、享用之快，犹似兵士难度将帅之谋，落错迥异，实不谙美食三昧也！

四十

炖汤声，如山间鸣泉；蒸饭声，如林间响溪，快意于一厨之间，犹得享山林之乐也。茉莉花，依栏浅笑；瘦竹影，斜窗窥望，得享于小院之中，犹坐拥一众美姬也。

四十一

闲天可下厨做一碗排骨汤，卷一张烙馍来吃。若逢天落雨，汤必趁热吃，此处帘宜半卷，一边吃一边赏园中雨针缝纫花边，若雨声稍急，可闭了帘子兀自吃着，欲饮酒且饮酒，只在斟酒刹那，偷听一忽儿雨之喧哗，一时恍有隔世之感邪！

四十二

排骨者，有骨有肉也。肉者，脾之所主，吃肉以补脾，脾者地也；骨者，肾之所主，吃骨以强肾，肾者天也。一碗排骨，天地存焉。麦者，东方之谷也，少阳之所滋润，必壮少阳胆气。男人立于天地之间，行世必以勇字为先，是故不可不吃碗排骨面也！

四十三

一日餐饭，要在五味周全，然也因时而有偏重。春日宜酸品，忌辛辣；夏日宜苦味，忌咸品；深秋日吃些辛辣，以燥其湿；深冬天吃些咸厚食，忌啖清苦。黑木耳配芹菜，重在滋水涵木；菠菜拌花生米，意在补气清肠，此二味素肴，隔三岔五可烹来吃些，以深味其中之雅意也。

四十四

春韭炒河虾，宜春夜孤灯蛙声间坐吃，若有雨最妙；春藕炖排骨，宜春午花窗下配烙馍卷吃，一边吃一边逗弄婴儿车中小女，为第一等美生活；春笋宜烧肥猪肉，装一大盘，坐在竹帘子后边吃，或午后或新月初绽，必要饮酒，不经意回眸，见着丰腴内子坐在房内刺绣，真的很好。

四十五

谷雨天，可吃葛花蒸，也可吃香椿翅，此两道吃食皆应景之闲馔。所谓香椿翅，即是摘新鲜香椿芽，洗净，勾少许芡，一柄一柄拿热油炸至黄焦，因其状如鸡翅，故祖母称之为香椿翅也。向年春天，乡下待客，祖母常做来吃，想来不吃香椿翅已十余年，祖母在泉下亦已十余年了！所谓葛花蒸，便是取乍开的葛花，井水淘净后，以玉米面拌了，上大铁锅蒸，宜浇上蒜汁儿吃。没吃到我妈做的葛花蒸好多年了，虽然我家廊前植了一株葛花树，每年春来都开花，但我总没有做着吃，因为妈不在身边，再怎么摆调着做来，也究难吃出那个味道，这是我所知道的。

四十六

春日饮酒宜临窗，窗外植竹或荻，若有风曳其影似美人起舞，若有雨可作珠玉金石声，皆可佐酒兴；春夜赏月可透花缝，满月玉兰花边看，眉月茉莉花下望，乍时难辨花月，皆有脱离尘世之感也！

四十七

春花夜宜赴宴，宴后若闻女子弹琵琶，当为人生一桩乐事；夏雨夜宜孤居，于此宜为一个远行的羁客，雨后观隔壁闲汉挑灯弈棋，不失为一件雅事；秋月夜宜独酌，月圆观瘦菊，月瘦赏肥菊，总有西风盈袖，若闻得篱下秋虫低吟，不辜负此生行此一遭也；冬雪夜宜炖五花肉，喝花雕酒，若房前有灯且亮着，见灯下飞雪若琼花碎玉一般凋落，甚妙。若无街灯且也闭了房内灯，只趁了明灭的炭火一边吃喝一边听得落雪如女子小衣轻堕，人生于此夫复何求哉！

四十八

第一等会吃之人是饥饿人，家祖母曾言“饥饿食好吃”便是谓此；第二等会吃之人是吃饭时不说话，《红楼梦》中有“寂然饭毕”四字便是言此；第三等会吃之人是挑食，所谓挑食一定是要挑自己需要的吃，伊尹做汤液，仲景做扁食便是为此。“饥饿”之意有两重，一曰饥饿时吃饭；二曰吃过后还微微有饥饿感。吃饭时最忌多说话，话多伤气，说话飞唾沫，都是害；至于挑食，受正气支配之人其喜欢之饮食即为其需要，邪气支配人，其需要往往是其不喜欢，好厨子做馔饮当于此处下心。

四十九

制馔做饮，写诗词，如果做成“私人订制”的，就风雅许多；一旦流了俗，便成大路货。当然，好饭菜与好诗词，皆是要俘获人的胃口，而俘获的方式，也可称得上唯一的方式是“引领”，引领人类的胃口，指导着人的欣赏趣味，而不去适应与献媚。适应即讨好，献媚即讨巧，难得见风骨。美诗人可以醉招力士脱靴子，好厨子直可当宰相，非庖奴诗隶之一列！

五十

春闲日，儿子窗内读书，女儿廊下嬉闹，老妻房内叠衣，我自洒扫庭除。天将午，当做一锅杂烩菜团团坐吃最妙。吃杂烩菜，宜卷烙馍、佐白酒，吃三四口菜呷一盅酒，如临窗当卷帘，握杯时瞥一眼帘外花枝繁乱，都不管，且吃且一家人闲谈，究忘了今夕是何年。

五十一

春三月，侵早可取痴心卧，听儿折邻家鸟叫；午睡起来，可披衣看一回廊外春风；晚间若居家，可开帘赏花上明月，亦可闭窗与佳人灯前秘语，若逢纤月，宜玫瑰花前吟诗；若满月，当邀友人夜饮，友至，酒喝半醺即归，送友出门，一扬眼瞥见檐山明月如规，人在花树下站一忽儿，真的很好。

五十二

暮春时节，需吃一点不顶饥饿的闲食，玩一点不费周章的闲山，读一点不耗神气的闲书，写一点不挣米盐的闲文。总之是要过得颓废、懒散或者不大经意一点，如此方可谓享得一段好风日也。

五十三

春山林边望；春水花间赏。花间春水若佳人美目，相对时总含一种幽婉；林边春山如青马披鬃，相望处常惹一层远意。书生于此无可不可，正尝到一分春愁。

五十四

春闲宜花下听风，夏闲宜寺内听雨，秋闲宜芦边观鹤，冬闲宜梅前观雪。观雪，宜于庵中喝酒吃肉后；观鹤，宜于溪桥与佳人分别后；听雨处，宜有诗僧敲窗；听风时，宜有美人倏然而至，若如此，其境甚妙。

五十五

坐清溪之畔，宜赏小螃蟹；立阔叶之间，宜逗大螳螂；伫油菜花边，宜看肥蝴蝶；卧晓月之下，宜望瘦鹭鸶。夫子自得，到处自有闲趣，于鄙野田家也不脱一分雅意。

五十六

春有清明以营悲情，夏设七巧以造廓清，秋立中秋以怀思，冬置腊八以进粥。悲情伐怒，以七情制法养肝也；清远泄洪，依四时脉法以养心也；怀思动土，培土生金以润肺也；进粥饮水，以销枯浊。古之节日大抵为养生所立，今人不察已得享祖先庇护也！

五十七

生活矫情一些，枯索顿见春色；处世冲淡一些，逼仄也见宽绰；山无险峰无奇，人无闲情无趣；螺蛳壳里做道场，身无兵士以林尘抵千军，可谓高迈达人。

五十八

春风吹柳，宜晴日河畔看；夏雨滴荷，宜夜半孤馆听；秋月临桂，宜环妻依窗赏；冬雪染梅，宜把女桥头望。有一处风物，便寄一处闲情；有一分闲情，便得一分自在。

五十九

看疏风，不听急雨；赏白雪，不践尘露。日间多垂帘，夜来则卷帘。卷帘处，见月曳细竹，其境尤幽；垂帘时，看流苏微扬，宛似美人裙裾乍起，其状尤妙。

六十

春无风不看柳，夏无雨不听荷，秋无霜不赏菊，冬无雪不观梅。此皆为枯索处得袅娜之法也。一时落魄，不妨春夜赏花；片刻得意，勿忘风夜看竹。风中竹，随势曲弯仍不改中空劲直；春之花，得气怒放不辜负此生之时光。

六十一

春宜沐风啸歌，夏宜入厨做馔，秋宜雨夜读书，冬宜围炉相对。围炉相对必与老友，户外大雪满天地最妙；秋读书最宜大部头，书读紧要处雨下愈紧，掷书时见窗外镰月生辉，间或闻得一二声残滴，其境最妙。夏月酷热，丈夫不入厨房，妄称为大丈夫也，何况世事最煎人心，做馔饮以销世忧。春宜唤儿女山上溪边沐风，儿女嬉笑不管，我独啸歌不迭。夕阳牵着宿鸟归林，我牵着儿女回家。

六十二

杯酒中赏花影，花缝间窥潭影，潭水里看鹤影，鹤顶上瞥月影，月色下待佳人影，此皆为世上勾魂影；孤篷上听雨声，新雨后听檐滴，寺檐间听燕呢，燕翅下听柳风，春柳边听小溪声，此皆为人间销魂音。

六十三

春夜，对佳人，莫对花；秋夜，对月影，莫对灯；夏夜，听荷声，莫听蛙鸣；冬夜，听雪声，莫听犬吠。

六十四

清晨，隔帘听鸠鸣；黄昏，揭帘看月影。鸠鸣似旧，然不是旧时那一只；月影如故，却不是故家那一个，此声此影，真真羁客断肠剪。此生最伤魂，是看美人眼搁着泪；此生最伤情，是念断桥边洒清辉；此生最伤心，莫不过大雪夜鸾帐里那个人儿面朝里睡。

六十五

为小女赶蝇虫，为老妻制美馔，为庭竹浇水，此谓我夏日三大闲散事。小女哭闹，我观之如溪头小鹿；老妻颦眉，我观之如柳岸云月；庭竹在风，我观之如美人曳裙；烈日下，我观之如美人拭香汗；在月下，我观之如美人扭身别去又粲然回眸也。

六十六

消夏宜吃闲食，为闲文，做闲事，要在于无“闲”字无以度夏也。事需随心意则闲，逆之则忙乱。做闲事第一境，随我意；第二境，随老妻意；第三境，随人意也。惟事事做得随人意而已又心旷神怡者，方得清闲。文需随心所欲，行止自如，方得谓闲文；闲食不求饱，或午后或寂夜，偶尔就茶捏几块吃些，甚妙。

六十七

春日无春情者，务为要紧事；夏日无炎情者，宜为消闲事；秋日无秋情者，当歌咏对物什；冬日无寒情者，以深情来待人。一年有四时，一生亦有四季也。人得意时，宜用拘束法；人失意时，宜放达法；得遇凉薄，需寄一番情怀；处纷繁闹世，需得一颗闲心。

六十八

春夜，灯宜红，红灯之下对玉人面最妙；夏夜，灯宜高，高灯之下观人弈棋最闲；秋夜，灯宜低，低灯之下拥被读书最好；冬夜，灯宜暗，暗灯之下与友围炉吃炖肉，若窗外有雪，雪边有梅最受享也。

六十九

春夜灯前可写兰，有佳人捧雪面扑闪大眼观之最妙；夏夜灯下宜写竹，时闻娇妻为小女驱赶蝇虫之音得清凉；秋夜灯边宜写桐树，窗外有潇潇雨下着其境最幽；冬夜灯后宜写梅，雪戛然止住，不大一会儿，有半规清月照下来最好。

七十

消夏宜读旧文章，读旧文章如对古人，自有一段森森凉意。消夏宜写淡墨竹，用墨极淡以托寄淡泊志趣也。消夏宜枯居、宜兀自调羹作饮，不宜赴宴席会友也，总之消夏之要，宜吃得别异些，看得单调些，过得孤寂些。

七十一

夏月清晨宜看茉莉，各朵皆妍，以养神气；午间宜看竹影，疏罗浅淡，以养清气；夜来揭帘看月，月圆或缺，知人生事皆要倚势而为，谅不得不顾及德力，便自有一分稳当，宜酣然入梦也。

七十二

秋来赏菊，莫念芍药；春到看梅，莫逐芦荻，于己于物，便得相宜。冬夜寻萤，不赏雪景；夏月觅霜，不听蝉鸣，于物于己，两相没趣。

七十三

蟋蟀歇，月色尤清明；佳人别，衾香愈销魂；天命至，局外着出落，人生之妙，在有一段格拒，反之则易入流尘。生活难免一些庸常；生命，不妨清雅一点。

七十四

清谈可以消暑气，美馔可以忘世忧。小日子，笑起来过，便过成美日子；烦心事，反过来想，便成为开心事。

七十五

消暑之法，惟求得一个心静，然贤者心静之境，乃在于心有所属，而无欲求也；心无所属，涣散生惰气；心执欲念，焦灼难纳凉。

七十六

雅生活，需得苦日子；美日子，需过俗生活。

七十七

女子瘦，画眉细，则显清气；女子肥，画细眉，透尽妩媚。女子肥，则宜短发；瘦者宜长发；颈长者可梳短辫；颈丰短可烫头发。女子哈欠时，握手掩嘴则显倦慵，满掌遮口粗鄙不可看。女子伸懒腰时，曲臂则有缱绻味，直臂甚尔挤眼咧嘴者，谅不可观！

七十八

男子当葛巾青衣，一朝峨冠博带，便入俗流；女子当香雪纨遮面，一旦被揽入舞池，便不能看。

七十九

女人靠哄，男人爱捧。女人耳听为实，说好听话，为哄法第一要诀；男人面子为重，顺着行事，是捧法最佳手段。善捧男人者，使男人如牛马而男子欣欣然无觉；惯哄女人者，谅可少干家务也！

八十

花好也需有刺，无刺人易轻忽；人善不失怒目，无怒小人凌辱。教男孩子需持重，不持重无以立身；养女孩子任其闹腾，不闹腾无以平权。

八十一

人可有怒目，不可有怒气，怒目立威，怒气害己；人可偶尔伤感，不可一时伤心，伤感者别具情怀，伤心人纯损自身。

八十二

男人回家温存，女子当于此处多下提防心；女子到家冷漠，男人当于此时起一些戒心。以上二刻，常为男人女人变心时，若操持得法，可救一段婚姻；不得法，则成就另一段姻缘！

八十三

人生事，依势而动，即得福；反之，即为苦。文章事，依情而构，即为巧，书斋编织人不待见。

八十四

人有一恩当铭记，人有千过莫上心。人之过不在人，罪在己苛求人；人之恩不由己，功在人存善心。

八十五

天下极蠢之事，莫过于论“理”，只因天下人人皆认为自己有“理”。天下极坏之事，莫过于斗“气”，只因“气”乃百病之源戕害天下之人。

八十六

真话多不好听，好听常非真话。擅说假话者，得意人；难说假话者，耿介人；见人说人话，见鬼说鬼话，大圣人！

八十七

高洁之人不可爱，俗一些，才可亲；高雅之物不可近，朴一些，方可观。人可有俗心，不可有俗态；物可为俗用，不可着俗手。张爱玲是此人，跳山摩崖为斯物也！

八十八

凡粉墨以登场者，必有黯然退场时；凡恭迎以取悦人者，必获遭人厌时。是故君子行世常存避世心，交游以性情，掉头就走浑不伪饰也。

八十九

旧识富贵之白眼，佳人别心之冷眼，熟人相遇之垂眼，友人逢事之闭眼，实为人生四大痛煞眼也！

九十

人之敬语，莫当真，应念人之涵养；人之恶言，应经心，当思己之过失。

九十一

虎不啸无以扬其威，人不狂无以伸其气。人走世间若日行四季，必要有霹雳雷霆方得春气，年少人须仗剑天涯，怒叱魍魉以不负一腔飒爽气。

九十二

为花一季，若不开些奇色绝香，迷翻那行客路人，终究是辜负了花期；为人一生，如不做两桩出人料想之事，惊诧这亲朋故友，到底是够不着圆满。

九十三

人生若玩山，如一径至顶，固然豪迈，然失却浪游野趣，到底不美。我之玩山法，惯避通巅常道，取迂回曲折，逶迤而行，着意享受山林之乐，偶然登峰也可，绝不忌惮兴尽而返耶。人生之味，要有世俗之烟火气，也需有遁世之神仙气，或狂浪或谨持，断非有意，自然使然也！

九十四

世间人物，为名的，焦头烂额；逐利的，身心疲惫，到头来直落得人背后讥笑、祸及子孙，都不如园门常关，自斟自饮 。聊得来，隔篱闲聊四五句；不投机，转身而去不求人。此正是：大雅文章解有味，通脱人物识无品。

九十五

人生事，最妙当个无心人。无心得遇多惊喜，有意获取便无趣。钱多烦恼大，名大是非多。快乐生活，取悦老婆，西谚有语：“happy life happy wife ”，诚可信也！若果不信，反其道试试也可。

九十六

树下打八卦，丘上诵伤寒，忽觉人间春暮。月前赏菊花，篱后听眠虫，偶感山中秋凉。

九十七

误入山门不知归，早忘却人间四月；默化医道仍读书，尤惦念世上百姓。

九十八

门外浪子，放歌湖山，亦不管花开花落；灯下书生，捻笔诗文，犹流连情真意切。

九十九

痛割白胡须，岁近天命仍年轻；闲观花蝴蝶，日迫黄昏犹风情。

一〇〇

墙前偷石榴，院后打酸枣，年过总角还顽劣；灯下诵伤寒，案上临曹全，岁近天命仍痴情。

一〇一

扰人心者尘间事，悦我性者林中湖。

一〇二

命题文都是折阳事，何苦去做；美春色皆为救命药，如何不尝。

一〇三

平生读诗，偏爱陶潜，不喜杜工部；读书，偏好《红楼梦》，不爱《三国演义》；为人，偏爱柳三变，不学柳下惠；习汉隶，偏重芗他君，不临礼器碑。长愿交几个酒肉朋友、浪荡文友，实难正襟危坐，去写那些听命、讨好的文章。

一〇四

古体诗可分有我之境与无我之境诗。有我之境最在于一个“情”字，无我之境最在于一个“禅”字。这就也是古体诗的局限处，即非言志情便悟禅道也。然而，现代诗便可既有有我之境，也可有无我之境也。中国古诗之妙，多于吟诵处来。向有梁启超先生讲诗，必先大口吟咏一番，然后就是拍脑门道“妙”字，而别不多言也。

一〇五

有我之境诗，其境可造可写也。石涛论画有一言：“不似之似似之”，用之于诗，便造境之法也。写境法，若讲究一个“空”字，便由空而灵也。

一〇六

宋人比唐人在浪漫中多了一分风雅，故其诗多趋向散化。宋词绮丽雅致，不说大小晏、秦观等，就连三变词也不失其雅。到元曲就偏俗了去，而元曲之妙恰在于其显“俗气”，有股子烟火气。

一〇七

读古体诗，犹如野饮，其心多逸；读格律诗，犹似宴饮，其心多恭；读现代诗直可自斟自饮也，其心多寂然。做古体诗，犹若对高士，无束无拘而得尽天性之享乐；做格律诗，有时似对贤士，唯恐有些许差池；做现代诗，则枯索凋敝或无可不可处为之。

一〇八

小词也者，胜于三境：“情深”“意不尽”与“空”也。有深情者，耆卿词“偎红依翠”是也；词尽而意不尽，易安居士词“这次第，怎一个愁字了得”是也；词有空了一境者，子瞻词“明月夜，短松冈”是也。

一〇九

词必发乎于情，无情者难为之。“执手相看泪眼”耆卿离情也；“红酥手，黄縢酒”务观苦情也；“有暗香盈袖”易安愁情也；“相顾无言，唯有泪千行”子瞻之悲情也。由情而有意，香草美人，乃离骚之别体，实非词之本真也。文人无勇气直抒胸臆，在当下尤甚，不是不可，只是显憋屈与猥琐相，浑无轩昂之气，诚非吾辈之所取。

一一〇

唐有太白“仰天大笑出门去，吾辈岂是蓬蒿人”之豪气；宋有三变“忍把浮名，换了浅斟低唱”之别情；元有仁甫“迎人笑挑花”之俗享；明有眉公“兴来醉倒落花前”之闲逸；清有板桥“大雪满天地，胡为仗剑游。欲说心中事，同上酒家楼”之相寄；独今之诗人有过黄河桥撒泡尿之卑琐，便可知不堪到何步！

一一一

道讲一个“玄”字，实用一个“柔”字；佛讲一个“空”字，实用一个“破”字；儒讲一个“仁”字，实用一个“诚”字。

一一二

诗之民歌体，为诗之正源；词之清乐，为词之要紧；书之碑体，为书之渊薮；药之神农，为药之典法。风无复沓，诗无摇曳之美，故后代诗家多刻板；调无俚俗，长短亦失活泼处，是故后家美词难脱脂粉气。书多馆阁，则无逸心；药舍神农，则无奇用也。

一一三

诗言禅，无过禅宗，是故诗宜着禅意。诗之禅意在情意后，诗之情意在景中。笔笔写情而无一着“情”字，是为诗之写境法。境尽而恍惚存焉，是谓写禅意法。

一一四

今世之诗，绝少有汉诗之传继。汉诗之大美处，止“意境”二字也。今之诗写意而无境，造境而无意。今诗之病有二：一在艰涩，浑无轻灵飘逸之气象；二病在虚浮，无凝稳沉静之态度。

一一五

世间太脏，惟玩物而已；玩物如着俗，唯恐避之而不及。雨来即开窗，雨大当瀑看，雨小当落花赏。日出则垂帘，帘闭则入山，小女静处如对白云，闹时如看溪边鹿。

一一六

少年有老成气，老年有侠气，皆为世之高人。诗有别情者，是诗人有逸心者乃为之；词有别意者，乃词人有壮志难酬之慨叹也。我每读此样诗词，皆为之一恸哭！

一一七

垂帘自得凉意，何关沸沸世情；闭门即处深山，哪有喧喧市声。户外车马鸣渐听成雷雨声，驱车行街区，犹似自弄小舟过青山碧水，每一处泊车场皆认作不经意之野渡，其境真妙。

一一八

凡事正经皆可笑，非关名利品自高。名与利二字，最害人心。人逐虚名则妄诞，事非争利无纠纷。人心变坏，利益使然。为医者，勿有富贵心；为文者，要有清奇气。

一一九

作诗切忌每句都好或全篇皆不好，要紧处，在于一字、一句有奇崛，此谓“才有梅花便不同”。填词在拘束其情，勿使情滥，全在“克制”二字，此谓“执手相看泪眼”。

一二〇

文章概无做法，在于为文者之活法。医术尽在机变，存乎医道之间。

一二一

人生紧迫处作诗，消闲时填词，皆因诗从激荡来，词乃怡情物。或写竹，宜寂夜；或临碑，宜侵晨乍起打趟拳后。打太极，知曹全蕴遒劲；使淡墨，知月晕隐风雷。

一二二

心有烟火气，而笔无烟火气，此作诗法也；笔有无尽烟火气，而心无烟火气者，此作小说法。

一二三

为医须有俗心，为文多从雅意。人无俗心，轻看生死，不足为良医；人无雅意，执念死生，不足为美诗人。

一二四

一日出诊，当临曹全碑，是为有儿女情、丈夫气也。无丈夫气，难得霹雳之手段；无儿女情，安怀悲慈之仁心！一日交游，需临张迁碑，是为内慧外拙也。无拙气，行事难得圆融，无慧心，处世安得自在。

一二五

人不养女，难深味妻子之珍贵；人不养儿，无以知恩慈之艰辛。

一二六

苦寂时需为俗事，非俗事难以遣之；豪兴处得寄雅意，无雅意无从受享。厨房之乐，在于视食材为兵将，纵横捭阖，以俘获诸人之胃口。为诗之乐，在于斗室吟哦，或颠首摇肩，或一派肃穆，以消永日也。

一二七

作诗文不可悦众，做菜肴需得服众，习医道谅于仙凡间徜徉。诗文，一俗气便不可观；菜肴，一孤苦便不可用享；为医则须有神仙眼目、儿女情长。

一二八

遇急事施于缓情，为缓事当宜速决，获名事躲一下，捕利事让一下，此皆为得自在法。

一二九

门常关，可晓世情；窗常开，以察月容。月有欢惨，人有佛魔。遇魔者当以菩萨心待之，逢惨月当以歌诗咏之。此历代诗词之中多瘦月影，史上佞人不得终嚣张之机也。

一三〇

三桃足以杀士，匹夫难夺其志。能躲名利者，为达人；能忍辱者，为圣人。名人常为是非人，能人多是庸俗人。车马喧喧，是讨名利场；高士对坐，有话即说，无话终日枯对而怡然两得也。

一三一

乱世需一颗定心，窘迫需一分闲情。勿慕人之豪奢，勿趋人之盛名。门常关，蝶来自在；窗半掩，月去从容。

一三二

林鸟唤我醒，夕阳邀我归。世事无牵挂，乐为自在翁。我看忙人，都是心乱；我看痛者，无一心静。无名利之念，第一境；无生死之念，第二境；无无之念，自在境。

一三三

浪游无以遣闲情，便寄诗词；诗词无以遣闲情，便寄厨事。厨房之乐，在于识万物之性，驱之，使之，得心应手而浑无碍也。好厨子能宰天下，天下既不能宰，何不退东篱而享庖丁之乐也！

一三四

为文，惟“排遣”二字要紧，搏浮名最俗；为医，惟“活人”二字为重，赚钱最脏；写竹，惟“寄情”二字为趣，媚众最鄙；临帖，惟“得神”二字处用心，酷肖最不屑也。

一三五

窗有竹影，自得一段清凉；腹有诗书，焉无几分高闲。作诗最忌熟话，做人要讲熟话。遇乡亲而说洋文，逢旧识而谈新知，两相尴尬。诗句一熟悉，便俗气得紧。

一三六

为人不懂倨恭，故不为官；处事颠倒紧慢，故不理财。

一三七

读圣贤之书，此读书第一境；读自然之书，此读书第二境；浑无所读，而行世如出入无人之境，此读书之至境也。

一三八

死读书，读一本不是一本；读死书，读一本是一本；活读书，读几本是一本；读活书，读一本是几本也。

一三九

山水不可行尽，行尽则无趣；美食不可多尝，多尝则无味。赏一湖而得五湖之妙，是会神游也；调五味而获百味之精，是懂机变也。懂神游，善机变者，是真生活家。

一四〇

情深何需守朝暮，天涯如同咫尺；心逸何必隐山中，道次即为东篱。

一四一

年少当个明白人，不明白无以立志；中年争个是非人，无是非无以成名；老了做个糊涂人，不糊涂安能游刃世事得享天年。人越明白，过得越糊涂；越糊涂，总要争明白。千愁一回首，都是春风；百怨一相逢，尽在壶中。

一四二

露水田埂间读彭斯；阳台小椅子上读勃朗宁夫人；月夜酒吧微光下读阿赫玛托娃；夏日玫瑰园中读狄金森，此谓各得其境；斗酒读太白，对花读飞卿，女友分手歌柳词，人生困厄吟子瞻，此谓各得其味。

一四三

耳聪目明，此乃察世法；开口便笑，此乃混世法；两耳大聋，此乃对老妻法；要闭嘴巴，此乃对成年犬子法。

一四四

人不慕名，便不拘谨；不逐利，便得宽松。人有愁事，莫对月，对蝶则忘忧；人有喜情，莫对酒，看云则知变。蝶飞下上，其怡然而自得；云转晴墨，甚悠然而无碍。

一四五

莫去贪名头，名头多从是非来；莫去逐豪富，豪富多有昧心财。不求人，一般高；求着人，矮半截。我遇权贵翻白眼，我待寒士使青眼，我见名利闭上眼，我看佞人暴怒眼。我过我的独木桥，你说你的风凉话；扫一屋权当扫天下，烹小鲜，看竹斜，清清凉凉度长夏。

一四六

日子寡淡，矫其情则生色；世事无常，知其变则达观。

一四七

暮秋当阳春看，是过活法；雪花当梨花赏，是交游法。

一四八

月夜赏竹影，此处世之道；雪崖挺苍松，此立世之本。遇滑稽人，莫以滑稽心待之；逢困苦事，莫以困苦情为之。看花落，赞其香魂；看花妍，切莫近身。

一四九

掩帘听蛙鸣，此处喧喧闹世法；雪夜寻寒梅，此为窃窃讥诮事；莫图当世名，当世名犹似飘飘风，朝暮间，尽皆逝；莫贪泼天财，泼天财犹如漫漫雪，时势变，沦泥污。

一五〇

击石则喧哗，小溪也；掷石而扑通，深潭也。扑通之音，是广纳之修为；喧哗之声，是浮躁之所见。忍得住，是丈夫心；稳得住，是英雄胆；拿得住，是王者气；放得下，是圣人意。

一五一

心逸，忙时自有一段闲适气；心狂，静处也呈弥天浮躁气。执一念而旁及其他，此乃逸人之做事法；执万念而无一着落，乃忙人之所为也。

一五二

做严谨事，放逸其性情，则多不疏漏；做逸兴事，庄严其仪式，则愈极其兴味。

一五三

遇倨傲人，顺其意，是敬人法；逢吝啬鬼，让其利，是得人法。话可讲可不讲，事可做不可做。知心话不对知心人讲，谅会取辱；便利事不对便利人做，极易获怨。

一五四

漫天叫骂，难伤人心；一瞥眼神，常碎人魂。笔墨淋漓，拙家难为其境；寥寥几笔，妙手造化天成。

一五五

处变不乱，乃看穿成败；历险不惧，便堪破死生。行走世间需仗剑，交游燕息需怀琴。金刚怒目不失菩萨心肠，是行世法，款款低语却见头角峥嵘，是立世法。人处低谷，须有狮子吼；一时得志，须作梁间吟。反之，则易颓唐，易招怨。

一五六

居家处事需称老妻心，方得如意；出门行世妄为如意事，难得称心。

一五七

剪枝莫碰斜枝，惟其斜出，方得逸致；作诗莫着俗事，因其俗气，难为高品。

一五八

院小种竹，可得幽深；家贫藏书，可谓富人。深交言浅，亏对良友；浅交言深，难得良友。

一五九

做人有三境，第一境是对得住自己，第二境是对得起别人，第三境仍是要对得住自己；做文章也有三境，第一境是自己看着好；第二境是让人家看着好；第三境仍要是自己看着好。

一六〇

玩山水求一个“野”字，落得一分逸兴；做馔饮求得一个“和”字，吃得一顿妥帖；作诗求得一个“别”字，尽得一片出脱。

一六一

为医之道要有俗心，务求世人叫好；为诗之道要有雅意，勿要讨好世人。

一六二

画山水，须得有一枝震撼笔；写小品，则须得有妙笔。无妙笔难得其意趣，不震撼难见磅礴气。古诗好，不在句句都好，最在一句出奇，“落入梅花总不见”便是也；诗要打动人，便得见真情感，“感时花溅泪，恨别鸟惊心”，此之谓也。奇句多由慧心处得，感人句皆要真心处来。

一六三

居处无风景，谙得此理享得天下；邻里无圣人，不明此情挨得笑骂。

一六四

月光浮墙如弄扁舟，花影落身似披袈裟。

一六五

人有俗心，必碍其手脚；人无俗胆，亦困其手脚。手脚便利，腾挪尘世间，必得有一颗佛心一挂俗胆也。

一六六

廊下看竹，帘内听鸟，窗边赏月，皆可洗一日尘烦；掩耳听妻唠叨，撒眼看女跳闹，厨下挥刀做馔饮，皆可得偷心一乐也。

一六七

心不烦，诸事不烦；心不乱，诸事不乱。

一六八

不做馔，不得混世之会通法；不作诗，难得脱世之清雅气。

一六九

月落即起，露浸满庭新花香；日落便归，风曳半窗旧竹影。

一七〇

诗，有一兴便可吟；事，无安排切莫行。行事，需顾忌俗眼；作诗，莫顾忌俗眼。真心者，时有忧戚色；至性人，常怀落寞心。

一七一

仙鹤不为食近月，野鸭总为食近人。

一七二

雨来半阶新草影，月归满山故鸟声。

一七三

竹边独坐听鸠鸣，游子于此无离恨；蕉下独卧听雨声，家居于此有客愁。

一七四

女人追不得，诗歌求不来。粲然相见，必得惊艳。

一七五

晴丽天，陡然敛云，行客于此莫惊人生之变故；满庭花，一夜凋零，羁客于此莫叹世事之无常。

一七六

人逢喜乐，看其厚度；人遇悲愁，察其风度。人无雅量，难得金玉之言；人无雅意，难为金石之句。

一七七

花谢径前悄掩门，松照山边静推窗。

一七八

欲攀险峰，需有胆量；欲交奇人，需有雅量。无雅量易被奇人所伤，无胆量总被险峰吓倒。

一七九

柳絮，可看不可近；雪花，可赏不可触。凡事莫争，愈争愈不得；凡情莫迫，愈迫愈疏远。

一八〇

敬人之法，随人意；作文之法，任己心。

一八一

真话难听，好事难做；做好事，是做人称心事；说好话，是说人中意话。

一八二

门一关，即入洞府；窗半开，犹察乾坤。

一八三

人立道次，是望月法非赏月法；人奔闹市，是寻利人非得意人。得意人，一箪食即可心；赏月法，半扇窗即行乐。

一八四

钱财闹中取；文章静处得。有名利心，何不求钱财；无名利心，方可著闲文。

一八五

直心话，多伤人，故人之所伤多为所亲人；曲迎话，多惑人，然人之所惑多为所信人。将为之奈何？少说话，多做事也。

一八六

为人活，获名利；人又各异，便得是非；为己活，享意趣；又不媚众，需挨寂寞。

一八七

林雁莫羡笼鸟水食方便，自由为代价；野花莫慕盆栽登堂室，天性遭阉割。

一八八

少赴宴，多做馔；少出门，多开窗；少说话，多看书，皆可养一身清静气。

一八九

若即若离，处高人法；如酒如醴，待俗客法。

一九〇

少年事武，中年做文，老年行医。打小深学医道，然行侠要紧；老来世道积厚，然养生要紧；中年奔生活最忙，坐下来作文章以卸却灵魂之负荷。

一九一

月圆，帘半掩愈见月之皎洁；月缺，帘卷上愈显月之秀媚。

一九二

月圆，宜玉兰花上看；月缺，宜远山平林赏。月圆夜，玉兰花下若坐一位微丰妇人握团扇最妙；月缺晚，远山平林若归一行雁阵最佳。

一九三

雪融听响溪；水尽看云起，得失怎奈贤者；花凋赏春去；风凉望秋来，荣辱无关道人。

一九四

亲朋挚友，难处见；狐朋狗友，欢场来。

一九五

写诗人，多不会说话；会说话，能当小说家。诗人有别胸，方有雅意；小说家知人意，方得下笔。

一九六

月移竹影上墙，此夜宜怀旧；月移松影入窗，此夜宜坐禅。

一九七

桥边看芍药映月，楼上听枯荷雨声，倚门闻残菊蝈鸣，窗内赏梅枝绽雪，此为人生四件逸兴事。

一九八

人生需有做一些无害处的冲动事，干几桩无益处的消磨事，吃一点无碍饥饱的闲馔，爱一个没有结果的女人。

一九九

奇句多从尘事出，雅意常从俗情来。不谙俗情，难得雅意；不稔尘事，难悟奇句。

二〇〇

观落花为落泪，是作诗法；观落花是开花，乃修佛法。

二〇一

世之最难看者是冷眼，对冷眼之法是白眼；世之最难得者是青眼，对青眼之法是顺眼。以白眼付青眼，常使悦己者寒；以顺眼讨青眼，多自取其辱也。

二〇二

施百恩若有一恩未施，人道我薄情；让百利而有一利未让，人说我寡义。

二〇三

做事莫往人前站，讲话莫论人是非。

二〇四

花上赏月，花下看人；酒前操琴，酒后作诗；皆可得一段丰逸享乐也。

二〇五

莫从人生找苦难，应从生活找美感。莲之清雅，不累污泥；竹之修直，不屈风雪。

二〇六

松立崖巅，常生搏风雪之豪兴；兰卧涧底，不失纳林泉之高致。做事当似崖松，处世需如涧兰。

二〇七

若遇灵转人，不说话，眼神足矣；若逢愚钝人，不听话，亦不见眼神矣。少年处事，当做灵转人；年长处世，定当愚钝人。才子气做事；圣人气做人。

二〇八

陶诗有菊香，眉公诗有梅香，菊香有老秋气，梅香有争春气，故二贤同为隐者，一个是仕而隐，一个是隐而仕。

二〇九

诗，最得意是国风；词，最得意是清乐；人，最得意是少年。

二一〇

装糊涂，是不糊涂；不装糊涂，是真糊涂。

二一一

理，越辩越不明；话，愈说愈不透。遇好辩之人，作哑即可；逢好说之人，装聋便是。

二一二

逢好面之人，迎合一点；遇好利之人，吃亏一些，便可处得自在。

二一三

月去池塘鹤未觉，秋来山家菊有知。

二一四

熏陶出人物，情境生妙诗。

二一五

小说需有烟尘气；诗歌需绝烟尘气；杂文怒怼烟尘气，散文过滤烟尘气。

二一六

小日子，美生活，三白文也。美生活，苦日子，雪芹笔也。苦生活，美日子，陶潜诗也。

二一七

诗忌浅，浅写满；文害繁，繁致乱。

二一八

嬉笑怒骂遇圣人；一腔和气待俗客。

二一九

交俗客，伤和气多因财；处雅人，伤和气常因言；遇圣人，恣性而为互不相伤。

二二〇

养生之要，在于养阳。多动腿，少说话；多户外，少同房，此养阳四常法也。

二二一

一时兴起的事，缓做；一时兴起的诗，快吟。

二二二

对亲人愈要亲，亲不见外易伤亲情；于故交愈要敬，熟不拘礼易伤友心。

二二三

多一位访客，多一分俗情，做学问务必庭静；多一个来客，多一份财货，做商务需寻门市。君子交友，需明此情，不明此情，自寻烦恼。

二二四

吃川菜，勿嫌其辣；吃豫菜，莫怨汤多；凡天下种种，惟识其性，便处得方便。

二二五

巨眼，看人事细密如织；别胸，走天下浑无顾忌。

二二六

听人百言，莫如看其一行；看人百行，莫如查其一果。

二二七

道未悟，莫进言；德不足，勿扛事；反之，言虽美，谅无益；事虽功，人犹厌。

二二八

小两口，不打不亲；老两口，不敬不爱。

二二九

人敬我，我当念有无良言于人；人爱我，我当思有无亏心于人。劝人之语，点到为止；帮人之事，务尽其善。

二三〇

天上云来多作雨，地上人往常求利。无雨兴天，一片晴空；无利于人，一身自在。

二三一

勿求人知我，但求我识人。我知人，当知我之行止；人识我，难识我之哀乐。

二三二

老实人面前勿聪明；聪明人面前莫老实。

2018/3/8 — 2019/8/19

|第二辑|

槛内闲话

KAN NEI XIAN HUA

一

学须专，贵在杂；技不多，贵在精。

二

可有武人胆略，莫有武人鲁莽；可有文人精细，莫有文人懦弱。

三

感动不可冲动，感激则需感谢。

四

凡事做过不必去说，凡话说罢必须去做。

五

与君子相处，说君子话，办君子事；与流氓相处，说流氓话，办流氓事。

六

骑车手不离闸，开车脚常踩刹；安全在自己，欲望须节制。

七

对前辈有敬心，对后学不可轻心，少时多交老诚友，老时多处少年人。

八

做学问切莫匠气，学问人性情练达。

九

智力均衡，勇者得；勇气相当，智者得。人生平坦处世多用诚，人生崎岖做事需凭勇。枯索忧闷多读书，爽心快意多走路。

十

常说自己“不行”，常想自己“能行”——凡事十分把握，许下五分承诺；许人五分承诺，付出十倍努力。

十一

路遇绿灯，行前先视左右；合谋共事，事前先察言行。

十二

做事需取俗态，唯有俗心，事易成；做文需取闲意，唯有闲情，文愈妙。穷贫要做事，富贵做文章。

十三

文章有成法，是谓匠作；思维守条文，多为懦夫。行为可循规矩，思想突破规矩。

十四

交友先需身正，读书先要心静，正身之像如大树，枝叶披离不掩挺拔，静心之像若风筝，风日飘摇不脱牵系。

十五

先强身，后益智；习智不可伤身，伤身则需抛弃。

十六

人前低调，人后高调。心要野，手要低。细微处着手，宏大处着眼。

十七

难时鉴人心，急处辨人情。花言巧语不敌一事相助，酒肉朋友岂见一个真心。

十八

面对强手，要想自己强处；面临弱手，要想自己弱处。

十九

可以怀旧，不可守旧；可以留恋，不可贪恋。

二十

入故乡，不说洋话；遇故友，多忆旧情。

二十一

大话出口，大事损半；小惠不施，小人施绊。

二十二

衣食简单，莫为奢华人；读书要多，常做清醒客。

二十三

花钱不能吝啬，挣钱不可挥霍；消遣何妨天下游，工作可为楼上客。

二十四

娶妻不娶伶俐人，交友莫交骄奢者。

二十五

山临绝顶石无依，路行极处身无伴。

二十六

不刻意做好人，当努力为善人——好坏都是人说，从来没有定论；善恶出自心田，任谁无法颠倒。

二十七

不必是能者，一定为强者，强者于困顿能奋起，能者无位置常无能。

二十八

一年之内，衣裳增减不伤身；一生之中，名利得失莫伤心。凡不伤心，莫能伤你；若不伤身，百事可为。

二十九

怒时不出语，兴时不表态。制怒之法，宜散步；清醒之法，宜独处。

三十

妻儿幸福，是男人本分；家庭和睦，乃男人职责。居家生活，不妨被动些，凡事多顺妻儿；出外做事，争取主动些，体现自身价值。

三十一

少饮酒，不抽烟；少吃肉，多吃谷。精神足，勤锻炼；心情好，不熬夜。

三十二

有些人生如梅，有些人生如竹。如梅人生，莫求千枝皆绽放，有点枯枝也是美；如竹人生，莫羡枝叶尽披离，一根挺拔更有神。竹遇雨滴，声更佳；梅逢月色，更销魂。

三十三

求学不取鸡首，宁愿牛后；求职但求鸡首，莫为牛后。求学是为事业打基础；求职更为生存创条件。

三十四

人生要精彩，可以多求职；要有所成就，一条道走到黑。一般说来，五十岁之前走遍天下；五十岁之后著书立说。

三十五

父辈经验只可参考，不可照搬；导师观点只能借鉴，不可固守。

三十六

好食物少吃，味道尤好；好书籍多读，营养愈多。

三十七

用餐要慢，做事要快，交友要广，结怨要少。

三十八

处所能之事，莫要刚愎自用；处不能之事，切忌优柔寡断。

三十九

别人不信，尤要自信；大家满意，不要自满。

四十

自不信，勿要人信；己不喜，勿怨人喜。

四十一

话说得动听，需存疑；事做得周全，需小心。

四十二

易办之事，多引祸；难办之事，常招福。

四十三

谋事多考虑几个可能，做事多排除几个不能。

四十四

朋友交往，莫求利，求利多不仁；亲戚来往，莫用智，用智生间隙。

四十五

锦上添花，不如雪中送炭；施人钱财，哪胜授人技能。

四十六

莫交贪财友，莫娶贪财妇。女人贪财，多贱骨头；男人贪财，多软骨头。

四十七

明白人，多办糊涂事；糊涂人，常争明白理。

四十八

文人宁损钱财不损面子，商人宁折面子不折钱财。清高之人，美言一句；清贫之人，多敬三分。

四十九

观念影响观点，思路决定出路。

五十

为人大忌，遭人忌；处世之法，常出世。

五十一

承认错误，赢尊重；改正错误，多成功。事之对错，结果来判；人之是非，历史来定。

五十二

少诉苦，多倾听，诉苦多招人烦，倾听宜解人怨。

五十三

物有不可取，话无不可听，听进一种意见，增加一种可能；摒弃一分物欲，平添一分勇气。

五十四

专家有杂学，杂家有专长。

五十五

失误不可原谅；失败可以谅解。失误与否，原因在己；失败与否，也因天时。己所不能，不为过；能而不为，大过也。

五十六

一时成功，多念时运；倘或失败，多查自身。

五十七

成功者的话，少听；失败者的事，多闻。

五十八

山有千奇百态石，世有形形色色人。言语不可争高下，遇事不必动肝火。

五十九

吃饭配菜，说话分人。

六十

讲真理，不必较真；办实事，不全实办。

六十一

创业第一步，要有技术；霸业第一步，要有思想。

六十二

饭碗事小，饿死事大。饿死了，一切免谈；死守饭碗，人生庸常。

六十三

小事聪明，不聪明；大事糊涂，真糊涂。

六十四

少年重名，中年重利，晚年重节。

六十五

夸夸其谈，必有失败之日；默默耕耘，终得成功之时。

六十六

吃痛快，伤自己；说痛快，伤别人。好男儿，笨嘴拙舌。

六十七

内斗多因穷，外祸常因福。若福贵，多惠人；若穷困，莫恋家。

六十八

大奉献，是创造；小奉献，是施舍。

六十九

意见相左，邀为友；唯命是从，纳为兵。创业之初，固执一些；发展事业，且需包容。人无诤友，不清醒；事不经败，难成功。

七十

手中要有钱，心中需无钱。手中无钱，一事难为；心中贪钱，百事难成。

七十一

好名声，都是人说；好品质，自己养成。以心待人，不愧心；人走情在，见真诚。

七十二

多帮人，少求人。少添麻烦，莫嫌麻烦。少求人不等不求人，多帮人不等不妨人。

七十三

莫说伤人话，多做实诚事。遇人误解，莫强辩；遇事难为，莫不为。迂回寻找，终得到；寒冬过后，冰雪消。

七十四

做事烦时，要耐烦；讨人嫌时，要转身。

七十五

遵守规则，得福；突破规则，得名。

七十六

多看人家做的，少听别人说的；多看人家背后，莫妒别人出头。

七十七

不可无霸气，不可有戾气。

七十八

声气不通者，不可以为伴；志趣不同者，其实难为友。

七十九

黄金易付不珍贵，煤石难得价连城。

八十

真事，说多了，好像是假；假事，说多了，几乎成真。做过的事，莫辩，辩则招毁；要说的话，莫妄，妄则致祸。

八十一

过度善良，会被误作低贱；过度爱心，常被当为犯贱。

八十二

未知的生活，多有趣；已知的经验，常有用。

八十三

交人不懂规避，品行易变差。读书不知取舍，品位会降低。

八十四

莫为富贵而受制，宁肯自由而清贫。

八十五

人爱拒绝之人，人求不得之物。

八十六

生活洼度，决定生命高度；苦难厚度，决定思想深度。

八十七

落魄莫心碎，伤悲莫掉泪。

八十八

眼亮心亮，此为爱情；心热眼热，即为亲情。爱情如飘风，不能长持久；亲情似磐石，男儿当自守。

八十九

智力高下，多拼记性；能力大小，常拼耐性。记性强者，贵在忆；耐性足者，贵在忍。

九十

招人讥者，常招摇；招人笑者，多吹牛。

九十一

穷兄弟起纷争，懒女人多怨声；大鱼何必小溪讨水，小虾焉能大海奔腾。

九十二

不可有傲气，然不能无骨气；不可无理想，然不能总妄想。

2010/4—2010/11　北京国瑞城

|第三辑|

历世醒言

LI SHI XING YAN

一

观一人是否真心，听其言是否有刺；八面玲珑，常为滑稽之人；看一人是否真情，察其行是否无怨，无怨无悔，多是至情人。

二

相爱不易相处，处久则多伤；相敬不易相近，亲近则多怨。

三

求全责备，常对心爱人；宽宏大量，无非无关人。

四

得些风而声大，杨叶之所为；获大风而声细，松针之所为。小人之心易招摇，君子心沉稳。

五

观女人，看其眼神，飘忽迷离者，不可过往，交往则污清名；察男人，看其气色，猥琐颓败者，不可相交，相与则堕心志。

六

文人需务实，商人要务虚。商人务虚财路拓开，文人务实根基扎实。

七

相坐高论不如僻处省心，把盏言欢岂胜静室抚琴。

八

多数人处得，便得多数人；许多事做得，常无一事成。

九

见人缺点，便得人之特点；见人短处，翻晓人之长处，此谓智者。

十

默如扫地僧，冲似排云鹤。

十一

直浮云间为雄鹰，径沉洋底是神鲸。

十二

遇促狭人以宽宏量对之,逢吝啬人以豪爽气待之。

十三

有得意事无要有得意言,有落魄身无要有落魄心。

十四

天有百变云是谓瑰丽天,人有百变事是谓传奇人。

十五

落魄不可失魂，失魂人到底要落魄；志得不可意满，意满者终究难得志。

十六

小聪明是术，大智慧乃诚。

十七

受恩于人当思报，施惠与人莫图还。

十八

指责莫如暗示，助人切忌声张。

十九

人伤情，宜以言语宽慰；友破财，当以钱财相助。

二十

梧桐宜制琴，不宜作案；才子宜从雅，不宜事俗。

二十一

才子落魄，世人笑；嘉树凋敝，秋风哭。

二十二

做事成功获名利，做人成功得安宁。

二十三

世间之名，犹如溪流之声，或激越或浅薄时得，心净若泉者，不屑俘获；人间之利，犹似林木之花，或猎艳或斗奇，身清似竹者，无意苦争。

二十四

处世若好攀比，则无定心，无定心者无魂；为人若常招摇，则无恒志，无恒志者无骨。

二十五

生存虽卑微，生活犹诗意。

二十六

人无卑微时，难悟生命真味；事无破败处，难尝成功真趣。

二十七

包容成其大，宽容促其公。

二十八

房子再大，到头来一口棺材；女子再美，原来是一具骷髅。

二十九

真明白不必言明，装糊涂倒需直说。

三十

女子说话反复者，其心多不贞；男人办事无常者，其志少不移。

三十一

山低焉容猛虎，庙小难尊大神。

三十二

漂亮话，不管用；管用话，不漂亮。

三十三

讲诗意，做事不可太随意；讲责任，为人切莫太刻板。

三十四

涉利事，一定办明；涉利话，一定讲清。

三十五

不好意思，其结果必然好没意思；抹不开面，其结果常为撕破脸面。

三十六

眼光决定判断，识人微末，便为高人；话语取决态度，远人阿谀，定为贤者。

三十七

讥人者常为人讥，笑人者终为人笑。

三十八

容得下话，是心大；扛得了事，是胆壮。凡事无惧，无惧当下；处世无争，无敌天下。

三十九

蔗到中腰分外甜，人到中年格外苦。

四十

雁啼秋风至，人悲春花落。

四十一

荣辱成败，算从前凛然恩仇剑客；嬉笑怒骂，到如今依然麻辣书生。

四十二

人欺我，我不欺人，欺我者料遇天欺；人负我，我不负人，负我者定遭人负。

四十三

事声张，多败；诺轻许，多廉。

四十四

他人易信他人话，自家莫将自家夸。

四十五

年少大不必自谦，自谦常被人忽略；年长且不可自傲，自傲易招人腹诽。

四十六

狐假虎，虎何曾假狐；狗咬人，人焉能咬狗。

四十七

依势而行，事易成；顺时而动，命愈达。

四十八

涉浅溪要用扁舟，大船定搁浅；过天堑必乘大船，扁舟常侧翻。

四十九

花开低处，莫娇艳，娇艳之花遭摧折；人落难时，莫逞才，逞才之人受排挤。

五十

做事需定方向，做人需立诚信。

五十一

诺言不践，便为谎言；纵谈不行，实为空谈。

五十二

智者不敏，愚佞者当作迟迂；红尘堪破，经纶世务者笑之。

五十三

苛刻人，缺自信；自信人，少苛刻。

五十四

追名者，原本无名；逐利者，无有大利。

五十五

我善，人谓我弱；我悍，人议我恶。

五十六

小草出头，要破土；化蛹为蝶，须破茧。

五十七

计较事功，需取俗态，雅致人不够通达；计较名望，要有格调，葫芦心不懂规避。

五十八

仗剑人，惊涛骇浪；抚琴心，云淡风轻。

五十九

困处着书，达时济世。

六十

女子怀春，有忧戚色；男子仗义，有慈悲心。

六十一

人穷挣食常受辱，鱼饿吞饵自取亡；君子不欺穷人，妄人钓鱼为乐。

六十二

性急者委以特事，性缓者可做慢活。

六十三

权衡不可犹豫，果敢切忌武断。

六十四

做人让一步，并非吃亏；做事退一步，料得周全。

六十五

与女人说话，切忌蒙眬眼；与男人共事，要有明白心。

六十六

舒服时最危险，困苦处较安全。

六十七

身处困局多做事，许有生机；人在坦途少说话，可避祸灾。

六十八

飘蓬无根，借风扬身；游子无家，凭信立命。

六十九

周正人多说风趣话，玲珑人少做滑稽事。

七十

遇古板人谐语化之，逢油滑人庄语感之。

七十一

要助人，莫骗人，受骗者多为可信人；要帮忙，莫添忙，繁忙事实乃紧急事。

七十二

人求我，但思人开口不易；我求人，要想人身不由己。

七十三

事败，智高一层；情殇，心强一点。

七十四

才高位卑，常受辱；貌美家贫，易招祸。

七十五

遇穷人莫夸富；对弱者莫逞强。

七十六

可怜人未必有可恨处；高贵人未必有高贵心。

七十七

办急事心不要急；作美文辞未必美。

七十八

待月不出，再等一等；做事不成，再熬一熬。

七十九

人争人争之，人厌人厌之。

八十

萝卜易得，便为大路菜；灵芝难求，才是珍贵药。

八十一

话少不被动，思少易冲动。

八十二

有脾气者少有心机，有心机者多无脾气。宁与有脾气人相处，少与有心机人共事。

八十三

善表达者，往往不擅说话；善说话者，常常不惯表达。表达，属思想者；叽叽呱呱，庸常人。

八十四

凡事有利弊，易事弊多，难事利大；凡情有亲疏，乍远则亲，常近则疏。

2012/9/25　洛杉矶

第四辑

放鹤余墨

FANG HE YU MO

一

曼妙女子需偷看，香醇美酒需慢呷。偷看，可倚栏，可凭窗，可透花缝；慢呷，可对月，可听雨，还可啸歌。

二

女人三味，在怪，在懒，在小气。女人不怪，日久枯索；不懒，无娇慵之态；不小气，无深情也。

三

女子不野不美，男人不狂不威。野于内心，文静其外，当为妙女子；狂猛在外，慈悲情怀，则是大丈夫。

四

女子要肥，月牙要瘦，窗子要大，亭子要小，此类皆可入画。

五

美人佩金玉，玉人带管箫，逸人咏诗文。

六

红酒宜与佳人饮；啤酒宜与球友饮；二锅头直宜独饮。

七

赏花之美，在沟，在垅，在雨后；听鸟之幽，在林，在谷，在月下。

八

春花前，饮酒；秋月下，抚琴；冬雪天，吃肉；夏雨夜，听荷。

九

独坐河岸，需看日沉雁背；幽居塘边，直读月出鹤顶。

十

春风起，伫柳岸；秋风起，立菊前；夏风起，卧瓜棚之下；冬风起，拥炉吃炖肉也。

十一

春听鸟鸣，夏听雨，秋听蝈蝈，冬听雪。听雪，可河岸，可梅窗，可竹院；听蝈蝈，必月下，必墙根，必破院。听雨声，在舟中，心玲珑；听鸟鸣，在寺院，神清远。

十二

酒饮半酣，需看花；亲人乍别，莫听雁。

十三

高楼泻雨，可作瀑看；女子临茵，直当鹤观；雨后天桥，犹似彩虹；万家灯火，认作繁星。

十四

我之赏月十法：将窗帘拉下，留些许缝来，陷进竹椅，偷窥月亮，其赏法一；深入旷野，抱膝而坐，右左看看，却不直视圆月，其赏法二；找片树林，展席而卧，一手支颐，一手击节作歌，其赏法三；伫立野渡，一二秋虫，观圆月水草影间滑动，其赏法四；约一美人，无语对坐，观月渐从美人眸中泊起，其赏法五；三五知己，或散坐野坡或松林悄步，默无杂语，其赏法六；一手牵儿一手执妻，柳林漫行，竹前闲坐，小儿顽皮随他，与妻相视一笑，其赏法七；返回古寨，与双亲坐槐月下剥苞谷，听娘声声抱怨，总笑脸对娘，其赏法八；携酒一壶，儿随其后，入得寺中，一边与诗僧闲闲对酒，一边听儿稚声咏诵，其赏法九；与妻下楼，悄立月下，偷闻楼上稚子琴声，其赏法十。

十五

少年读史，中年读诗，老年直可读散文。读史需灯下，见千古春秋，立青云之志；读诗需樽前，品人生至趣，舒世事压力；读散文，可行可卧，可养天年。

十六

读诗，如对雅人；读词，如对妙人；读小说，如对沧桑人。

十七

稚子读书、邻家鸟叫、老妻唠叨，乃世之三大美音。

十八

《红楼梦》，雅美；《金瓶梅》，俗美；《水浒传》，野美；《三国演义》，奸美。

十九

《红楼梦》读罢，吃鹿肉；《金瓶梅》读罢，吃猪头肉；《水浒传》读罢，吃大块牛肉；《南华经》读罢，不吃肉。

二十

读《红楼梦》犹若游武夷山，深入其中，山色重叠，水影纷娆，一时眼花缭乱，迷不辨东西；读《水浒传》恰如登华山，一步一惊心，险峻扣心弦；读《西厢》宛若看五湖水，旖旎回复，风流曲沼；读《陶诗》仿佛赏九寨水，澄清明澈，飘逸脱俗。好文章，即为好山水，此言信矣。

二十一

天下第一等书，无过《道德经》；世间第一等书，无过《论语》；人间第一等书，无过《孙子》，故人间第一等谋，无非意诚；世间第一等术，无非超然物外耳。

二十二

填词，需才气；作诗，需灵气；散文，要闲适气；

小说，必稳重大气。

二十三

读书不若看书，看书不若翻书。善翻书者，犹若惯入李家子弟，一眼便挑出女中美色，而非一一端详不尽，才可知者；不善读书者，恰似磨坊老驴，蒙眼便走，全不知只在原地打转耳。

二十四

圣人，读自然之书；贤者，读圣人之书。

二十五

年少爱柳词，风花雪月，想当个白衣卿相；及长读范文，悲天悯人，愿做个济世能臣；至今喜陶诗，天高云淡，只乐为放鹤斋主人。若有菊半垄，鹅三只，日出赶鹅下河，鹅欢叫，我也欢叫，日落而归，或看火烧云，或看山负雪，真美生活。

二十六

吃烤鸭，需品茅台酒；吃卤煮，可饮二锅头；喝豆汁，必配咸菜丝，此谓各得其味。与俗人，谈房车；与雅者，论诗词；遇高人，静坐半晌无一言，此乃各得其趣。

二十七

豆腐清煮，味高；梅花雪掩，香远；佳人举灯，情切；竹影曳窗，境幽。

二十八

小酌，必得花生米；豪饮，需有大块肉。小酌，宜月夜，宜竹下，宜与佳人相对；豪饮，宜野外，宜篱下，宜与村人猜枚。

二十九

菱角生吃，得雅趣；山芋熟吃，享俗乐。

三十

猪肉煮熟，蒜汁调了，好吃；羊肉烤熟，胡椒撒了，好吃；螃蟹蒸熟，姜汁蘸了，好吃。吃肉斟白酒，花生米可佐啤酒，美人相对，半杯红酒，且抿着喝。与美人对饮，一定有烛光方妙；与故交对饮，一定有月光才好；与村野乡民坐饮，且大碗酒大块肉，非日光下吆三喝五赤膊划拳不能过瘾。

三十一

海居，可掩帘听浪；山居，可卧床看瀑；闹市之居，必住高楼，俯视滚滚嚣尘。听浪，则意远；看瀑，则神驰；视滚滚红尘，悠然梦醒，其妙无比。

三十二

乡居，应养鹅；城居，不养狗。有杞人忧天之心，乃是目光长远；怀愚公移山之志，必定家业兴旺。

三十三

小院无竹，不幽；小屋无书，不雅；植几杆竹，能留清风明月；枕几卷书，可晓天地今古。

三十四

闹市观人，则斯人为我，纷纷奔归何处？野外观萤，则萤火为我，绕绕炬亮多少？以己看人，可察世；以物观己，当彻悟。

三十五

世间三友，一曰以利交，二曰以趣交，三曰以神交。以利交，纷纭来往，奔富贵；以趣交，淡泊来去，图适意；以神交，相对枯坐，而怡然自得。

三十六

方正友，若竹；清雅友，若梅；谗谄友，若罂粟。

三十七

人在困厄，宜张扬法；人在得意，用拘束法。凡人皆有顺逆，勿笑人落魄，莫妒人光鲜，此可谓君子。

三十八

我不作诗，无美人怀想；我不饮酒，无菊花可赏；我不踏歌，无朋远来；我不玩山水，无妻儿相伴。

三十九

叶，一荣一枯，木长一轮；事，一成一败，人增一智。

四十

花有开谢，月有浮沉，水有涨落，事有成败。不可凭一事成败论人，不可以一季涨落观水，不可借一度浮沉说月华，不可依一时开谢定花品。

四十一

俗人赏花，看其艳；雅人赏花，嗅其香；高人赏花，感其韵。

四十二

与美女饮酒；与佳人品茶；与妙人抚琴；与韵人

谈诗文。

四十三

空山泉声；幽谷溪声；古寺雨声，此乃天下三净音，可洗一颗俗心。

四十四

月明夜，浩歌寻友，友不遇，踏歌而还；杏花天，挑壶买酒，酒不得，抱壶独眠。

四十五

得财之人，其声多骄；得逞之人，其声也横；得意之人，其声多慢；得道之人，寂然无声。

四十六

月圆，海上看；月缺，柳边看；菊肥，圃中看；菊瘦，篱边看；鹤飞，林上看；鹤立，塘边看。

四十七

游子莫望月，愁客莫听雨。

四十八

做文之道，切忌华丽；做人之道，切忌艳丽。华丽之文，久品多无味；艳丽之人，久交多无趣。

四十九

雨夜，读诗；雪夜，看佳人；露夜，制词；霜夜，听鸡鸣。

五十

豁达享俗乐，刻薄得雅趣；多才必然多苦，多财未必多福。

五十一

莫说伤人话，多做实诚事，遇人误解，莫强辩，遇事难为，莫不为，迂回寻找，终得到，寒冬过后，冰雪消。

五十二

雅事得趣，俗事享乐，作诗颇雅，而少钱来，挣钱很俗，吃喝自在。

五十三

世间纷闹，无非人事。观人忌肉眼，看事忌死眼。

死眼看事，不辨利害；肉眼观人，难识高下。高人多处低凹；要事常发些微。发些微之事，多有蓬勃气；处低凹之人，多有浩然气，是故君子做事始于屑小，君子为人恪守朴拙。

五十四

闲在闹市，人笑我；乐在其中，我笑人。

五十五

梧桐下听雨，画廊边逗鱼，新月下赏荷，竹窗内睨美人，为人生四大风韵事。

五十六

淡紫，有雅意；大红，为俗态；葱绿，多闲情；秋湖蓝，厚稳。

五十七

圆通者，言语多伪，但世人喜欢；率性者，言语多真，然世人嫌恶。

五十八

当今世上，无欲望者，为圣人；无本领者，称好人；大欲望小本领者，是忙人；大本领小欲望者，有福人；大欲望且又大本领者，是谓牛人。

五十九

菊，花中隐士；兰，花中君子；牡丹，花中贵人；莲，花中雅士；麻雀，鸟中小人；白鹤，鸟中神仙；乌鸦，鸟中八婆；燕子，鸟中使者；大雁，鸟中迁客。

六十

鹦鹉，逗其出声；孔雀，惹其开屏。鹦鹉怒翅，不可看；孔雀嘶鸣，不能听。肥猪，难入画，可吃肉；瘦马，可入诗，肉难吃。

六十一

春雨，倚窗看，不床上听；秋雨，床上听，不倚窗看。

六十二

拘泥小利，无以成大事；受制涧峡，无以成汪洋。

六十三

富人读诗，得秋心；贫者填词，享春风。有秋心者，不横；享春风者，不馁。

六十四

胸有丘壑者，远观一样，近观一样，侧看一样，横看一样。在山可为鹰，在水可为鱼，可与万物交友，与众人意会。

六十五

苦心孤诣，可谓求道者；偏颇固执，可谓失道者；囫囵混沌，方谓得道者。

六十六

菊前饮酒，莲后咏诗，松下听禅，梅边赏雪。

六十七

芍药笼烟，其境愁；梨花带雨，其状凄；白莲滚露，其景清；红梅燃雪，其性烈；美人含泪，其情悲。

六十八

游子易起乡情，才子易生秋情，浪子易动悲情。

六十九

当今世人生活，我谓之有三境：人看着好，自己苦恼，此第一境；人看着不好，自己逍遥，此第二境；人看不到，人生静好，此第三境。

七十

为名忙为利忙终归瞎忙；因色痴因情痴到底白痴。

七十一

闻听赞扬，勃然而喜者，俗客也；幡然自省者，贤人也；犹若无闻者，圣人。

七十二

智者结交诤友；昏者交往谄友。一二诤友，可醒世；谄友相随，多昏愦。

七十三

泼天豪富，骤然而至，获之何味；惊天大书，一挥而就，人之哪能。清白挣钱，享生活真味；清闲写作，得生命真趣。

七十四

世道要细看，世间需鸟瞰。世间是艺术的，世道是现实的。将世道看得愈清楚，活得愈明白；将世间看得越朦胧，活得越有味。

七十五

春窗之下宜饮酒，夏窗之下宜弈棋，秋窗之下宜读书，冬窗之下宜写梅。

七十六

女子、烟柳、林鹿，皆需远观；明月、海棠、白鹤，都要近人。

七十七

挣钱难花钱容易，我辈；挣钱容易花钱难，能人；挣钱容易花钱也容易，人精。

七十八

路遇乞丐，送鲜花不若给馒头；约会情人，送碗面岂如赠玫瑰。

七十九

与小人讲理，愈讲愈无理；与君子相处，愈敬愈受敬。

八十

学问之大在于变通。善变通者，即能应对世事，所谓大事化小，小事化了，便为真本领；不善变通者，固执呆板，墨守成规，即不能应对世事，所谓小事闹大，大事无法，便为假把式。

八十一

立石阶望雁阵，伫河岸观柳条；柳条丝丝绿，雁阵丫丫来，都是春消息。

八十二

人之所想者，人之无有也；人之所炫者，人之始得也；人之所厌者，人之常据也；人之常夸者，人之人子也；人之常伤者，人之人亲也；人之为贤达，不可近不可远，总在若即若离处。

八十三

紧迫时当有悠闲心；悠闲处该存紧迫念。

八十四

处世当用出法，做事当用入法。游刃繁难间，是能人；出脱人世间，即神仙。

八十五

读书第一为娱情，次则增智，邀功名者末流。好书犹若菜根，坏书恰似甜点。

八十六

读书需掩门，掩门不管尘事；饮酒要开窗，开窗为赏流霞。

八十七

有客来，一碗茶话天下；无人往，半畦菜度春秋。

八十八

清雅不在书多少，庸俗非关身贵贱。位高权重，胸怀未必存清气；无俸无禄，小院照旧溢墨香。

八十九

月出需开窗，看雪花浸润梅花；日落即闭帘，听鸟鸣漫过溪鸣。

九十

此时困厄正是他日通畅之机，今日通达记牢他年困顿之时。

九十一

居闹市多读书，得享清闲；隐乡野常读报，心系苍生。

九十二

落魄处看人，落红天赏花；冷眼看世事，热闹我独幽。

九十三

为自家着想，不为他人所虑，乃小人；为家事所困，尤为国事所急，真贤士。

九十四

交友不论贵贱，只看脾味是否对；作文不管长短，只看情趣是否有。

九十五

倚窗看春雨，春雨如烟花草明；坐床听檐滴，檐滴似玉灯火红。

九十六

寺前月小，此夜宜读商隐；池中月肥，此夜宜读小晏；梅上月瘦，此夜宜读《西厢》；松间月圆，此夜宜读《红楼》；海边月近，此夜宜读杜诗；山后月远，此夜宜读陶文。

九十七

整天放歌类鸡犬，终年寂寞成菊梅。

九十八

开窗见飞鸥，出门临静月，此处即为仙家；登山沐清风，乘舟弄白浪，行止已是蓬莱。

九十九

云为山顶雪，霞作林内雨，石上垂钓千古愁；月是檐下灯，星乃篱外萤，松下遍诵诸子书。

一〇〇

养猫者情柔，养狗者性孤，窥其宠物，知其性情；入世者打猎，出世者钓虾，识其所好，知其格调。

一〇一

与小人处事，需严苛，非严苛不服；与君子处事，要宽和，非宽和不敬。

一〇二

文人不懦弱，方有大略；武人不张狂，才成大事。

一〇三

雪花难掩梅花香，灯光不敌月光明；情到高时文章秀，水流低处石头凉。

一〇四

娶妻养子莫忘父母恩；功成名就尤念师友情。

一〇五

长空孤雁，秋意浓；旷野枯树，意境远；梅花横窗，分外明；情人斜瞥，格外痴。

一〇六

人无财一身轻，人无欲满心明。痴心人勘破一“色”字，便活得灵脱；事务者度过名利关，即处得自在。

一〇七

文章闲处做，山水静中看；红尘滚滚览世相，市声沸沸读人心；鹤来鹤去两窗明月，花开花谢一个神仙。

一〇八

野花观赏需有雨，秋月把玩勿有云；炊烟直须隔柳看，鹅叫可以隔篱听。

一〇九

做学问要大老实，做文章要大不老实。

一一〇

欲弃之时须坚持，欲退之时勿掉头；乌云之间藏闪电，春花多开冬雪后。

一一一

只听赞语，多昏愦；闻得弹言，才圣贤。

一一二

水流急处闻声响，人处险途知勇怯；松长峭壁任风云，竹生湿处争日月。

一一三

教小儿，众人皆赞不能赞；待朋友，众人皆叛不能叛。

一一四

请友，不请客；听雨，不听风；赏雪，不赏霜；多作抒情文，不作应用文。

一一五

以好坏说是非者，少年人之所为；以得失论是非者，中年人之所为；以智愚断是非者，老年人之所为；

无是无非者，圣人之所为。

一一六

急语多乱，急求不得，急功不就，处事之机，宜缓不宜急。

一一七

蒸饭半途跑气，米不中吃；做事中道泄漏，事常失败。

一一八

谋事者，懂得取舍；谋名者，知道规避；不懂取舍，劳而无功；不善规避，声名招损。

一一九

大浪淘沙始为金，百苦尝尽至情人。

一二〇

与外人斗嘴，伤感情；与家人斗气，坏心情。男儿忍在心上，女人吃亏嘴上。小肚鸡肠者，一怒即爆；海纳百川者，波澜不惊。

一二一

父母全心奉儿女，儿女嫌不够；儿女一句好言，父母全乐。

一二二

玉盘珍馐天天送，人厌烦；饥肠辘辘一碗面，倍感恩，世人多在苦难处留心。生人一张笑脸觉亲切，家人时时笑迎常忽视，愚人常于表层处着意。

一二三

百事挑剔，少年人之所为；凡事任之，老年人之所为。看不惯时，有心气；看得惯时，无力气。

一二四

少年不惹父母气，中年不招妻子气，老年不使子女气，可谓好性儿男人；少年人戒动，磨炼才学；中年人戒妄，固守根本；老年人戒懒，颐养天年。

一二五

忍气养心；忍饿伤身。饭要及时吃，气应常常忍。咽得了气，心强大；吃得了饭，身康健。

一二六

平生不受别人白眼，一世最爱纸上清明。

一二七

处事灵转不涩，事易成；为文起伏多变，文愈妙。

一二八

亲戚使坏，伤人心；朋友使恶，伤人情。智者，亲友间有距离；愚者，熟络处无缝隙。当今天下，智者有三：一曰有术，二曰有谋，三曰有智慧。有术者，讨生活；有谋者，过生活；有智慧者，享受生活。

一二九

悦人情者，远方景；伤人心者，亲近人。

2006/10/6 — 2009/2/16　北京放鹤斋

第五辑

玩物闲话

WAN WU XIAN HUA

一

擅玩物者，免谈一个“钱”字，着意一番心思，第一眼即留恋，浑不计较起于微末，唯对缘法而已。

二

物犹若人也，无所谓贵贱，分别以雅俗。贵贱皆为一时之运命，雅俗定是一世之品行。人雅藏慧心，物雅涵巧工是也。

三

人不孤独不玩物，玩物为俗客；人不情绝不玩物，玩物为浪子。

四

不弃物者，有深情也；不贪物者，有宏志也。人非落魄、枯索，非壮志难酬者，不可玩物，玩物之意如庞统之于酒，直宜消愁也。对物如对人，若有一段意会神交，可谓第一等美事也。

五

玩物之人绝非好货之徒。好货者只长着一对俗眼，收物直为藏财也；玩物人别有一番心思，赏物以避浊世也。

六

物之上品，只宜远观；下品之物，尽可把玩。一物相对，浑然不觉天下风雨如晦而悠然自怡者，可谓痴人；购到一物，以为钓得世间奇货竟狂喜不迭者，是谓智障。玩物之高士，如白云之于陈抟、采药之于弘景，天下每有响动，即弃之而出也！

七

一物即故乡，总暖一颗赤子心；一物也世外，直释一段炎凉事。

八

独贫而玩物，世人谓之浪子；玩物托孤情，我以为之高士。

九

人勿以物重，物当以人名，故高士玩物多从庸常，历久则弥贵；蠢货贾物豪掷贵金，得到多赝品，君子于此默然而哂之。

十

人戴金银不主贵，物着重彩难高品。一双肉眼看人，盯着权势，难顾人之情趣；一颗俗心观物，惦着华美，不念物之内涵。

十一

富贵且骄，我视之如狗屁；贫而贱，我珍视之。美物落民间，得遇之，当然欣慰不已；摆放于庙堂之器物，我以为草芥。

十二

人有落魄之时无起沦落之心，贫贱不折其骨；物有沦落之处无有破落之相，风尘难掩其华。

十三

物巧不显匠气，而自然出奇者，我以为妙品。凡物之巧，断非俗眼可识，唯玩家端详不尽方有意会者，可谓大巧。玩家于物，非相知不能穷其味；豪客待物，少许颜色，即收进房室，贪欲使然。

十四

无有金刚怒目者，不可玩物，玩物易堕其志；无有菩萨低眉者，不可玩物，玩物愈骄其情。无有别眼者，不可玩物，玩物易破其财；无有逸心者，不可玩物，玩物困其家。

十五

为人需嬉笑怒骂，反之不可玩物，因其无性情，不能解玩物之趣也；待人有菩萨心肠，反之不要玩物，因其无大爱，不能晓玩物之味也。

十六

卧室宜置丰腴之瓶，书房宜摆瘦俏之器。西洋画勿久视，无意着一眼，留其景象于胸中追思最妙；古墓掘来之物勿久执，稍稍把玩，抚其身段感受其流韵即罢，因以上二物，犹若毒妇，其质品不宜终时相对也。

十七

物之存在，因之有“用”，然“用”有虚实。虚用之物，多贵，若鼎若玺；实用之物，常贱，若盏若碟。此非物之过，人之祸害也。人逐虚名，三桃杀士，若不关注，其威自灭，何去抢夺反自得也。

十八

玩物之境三重：一曰藏物，一曰赏物，一曰知物。知物者，必寄物于知音处，或送友或赠人，犹若赤兔马之与关公也；赏物，品匝再三，以解世忧。

十九

不赏金银之物，勿交名利之徒。名利人重名利，我无名利之好，故不交；金银物本金银，我无金银之求，故不赏。

二十

勿攀权贵，勿逐名器。名器物本自无名，槛内人闹腾使然；权贵者原本百姓，世上人贡奉使然。老衲终日以竹鸟为伴，风声日光洗净一颗俗心。

二十一

人难处者，可以对物；天涯羁客，可以对物。物有来头，可以怀旧；物无唇齿，不传是非。

二十二

玩小物件，过小日子。小物件，可佩可执，寓深情焉；小日子，或进或退，存真味也。

二十三

淘物，当享海翁忘机之乐也；玩物，可有东山听竹之趣也。

二十四

识货人，长于人不屑之中捕异品，此鉴赏法，亦识人之法也。累代奇珍，多为时人不识，旷世奇才，常不容于世也。时人多盲，奇物独存；浊世昏昏，隐者无忧哉！

二十五

珍奇之货，俗眼焉识；高洁之士，浊世难容。人或高居庙堂，或避世隐居，此理一似那手纸当配厕间，君子兰不苟活于油烟之厨房也。

二十六

睁只眼，闭只眼，非择物法，乃混世法也。左耳进，右耳出，非听琴法，乃与老妻相处法也。

二十七

几经搬家，方知哪物不舍；唯遇困事，才晓何人难弃。

二十八

物有存毁，人有生死。生人不为物而死，乃名士；存物不因人而毁，是明世。

二十九

与友赏物，宜酒前；独自赏物，宜酒后。饮酒半酣，曲肱而枕之，拿眼睃着旧玩，追想与之悠悠往事，其境最妙。与友赏罢旧玩，拊掌一笑，尔后一边饮酒一边闲谈玩物之乐事，其兴最逸。

三十

奇巧之物易损，聪颖之人易伤。好心无好话，易招人误；好物无好皮，易惹人厌。物之美丑，角度分别而已；人之好坏，利益不同而已。

三十一

人不交疑我之人，物难入疑我之眼。人疑物，名器当作鸡食盆；人疑我，好心变成驴肝肺。

2019 年秋

第六辑

养生心语

YANG SHENG XIN YU

一

养生不过存正气，药贵莫如足三里。

二

我之养生感悟：不图名，莫贪利；公众场合要少去；常露脸，折阳气，躺在病床后悔迟。

三

我之养生要诀：少上网，多散步；不发脾气，常吃素。

四

男子养生第一要务在于固肾，女子养生第一要务在于护肝。护肝之人最忌刻薄，固肾之人当须寡欲。

五

男子内病多着一个“气”字，女子内病多从一个“血”字。气虚多自脾胃始，故节饮食为防病第一关目；血虚常因肝郁生，故调情志是止患首选要务。

六

男子多搔头，女子常捏脚。搔头挺拔阳气，捏脚激发阴血。善保养脚者，为美妇人；善顾护头者，为健男子。

七

导引能治不行针刺，针刺能医勿服汤药。得病寻医是庸人，防病求已为高士。

八

一分阳气胜二分黄芪，一寸阴血抵二两当归，故户外运动是第一良药，神魂静定乃人生大医。

九

带病工作是要钱不要命,娇生惯养是要命不保命。

十

采阳最妙处是凉中补阳,滋阴最好处是温中求阴,是故吃海鲜多蘸姜汁，晒太阳需寻花荫。

十一

背部多朝阳，面部常对阴。遮阳伞，多遮面庞；打雨伞，多当肩背。

十二

病因寒来，当从张师；病从温着，需循叶公。经方固然要守，时方不可薄之。临证先辨八纲，八纲既明，门径即通，后循法可治之。

十三

妇人病固然落在血上，肝主藏血，殊不知肝郁多因气生，故调肝者当先实脾也。心主行血，血虚血瘀者，不治心妄治也。

十四

男子紧要处是补气。补气有三重地步：其一补脾胃之气，四君子汤可服；其二伤气及血，补中益气汤可治；其三气虚及阳，金匮肾气丸当吃也。

十五

临证先望诊，以辨阴阳；继而脉诊，以审表里；然后舌诊，以观寒热；再切诊，以证虚实，前边诸条既明，再端详症状，以明主症兼症，此正可以对证用药也。

十六

囊肿皆因湿所致，湿分寒热。当先辨其寒热，方可对证用药也。先肿后疼者，湿热下注是也；先痛后肿者，寒湿之所使也。

十七

西医诊断，中医治疗，犹若玩泰山赴陕西，硬将西岳当东岳也。

十八

男子养生最在于时时顾护阳气。固护阳气一要护背，二要暖胃。背为阳，人若遇冷，大部阳气极易从肩背逸失；胃为阴，易惹寒邪直中，胃失降浊脾气则不扬也。脾气不扬，宗气失源，肩背着寒，肺失宣降，病安能不发也！

十九

男子多揉后溪穴，女子多按太溪穴，如此则男子阳气足，女子阴液丰沛也。

二十

病家宜以菩萨心对病邪。得病戒躁烦、懊恼，最不当沮丧或愤怒，至于对外邪若待客，虽然不速，徐徐请出则罢；内邪则为自生，修复克制为本，非万不得已勿大力、动刀开战也。

二十一

秋气降，表阳伤；冷饮入，里阳害，膏粱厚味皆酿痰湿，养生即为修行也。恶言出，心阳乱；怒气冲，肝阳病，邪念频起正气必虚，养生最在修身也。

二十二

人无湿，一身轻；人无痰，少怪病。男人除湿则体健，女子祛痰则身美。脾为生痰之源，肺是储痰之器，肾乃生痰之根，除湿祛痰之本法，无非健脾开肺强肾也。

二十三

一年三百六十五天，一身三百六十五穴。一天为昼夜相并，一穴乃阴阳相汇。骨空行刺，上刺于神。血为神之舍，刺神必中营血也。营血为阴，神则为阳，一针并调阴阳，此乃治病之本也。倘行刺阿是穴，此只是邪气之激发点，邪固然暂去，病依旧存留，乃是治标之法，为上工所不取也。

二十四

《内经》是中医理论之宗，《伤寒》《金匮》是中医临床之祖，《神农本草经》是中医药理之源，时人舍此四种书而不顾，只留意一些雕虫小技，实乃中医混子也。

二十五

睡觉前，深呼吸；起床前，伸懒腰；上半晌，多捏脊；下半晌，常捶腿，如此可保无虞也。

二十六

湿性重浊，极易侵袭人之下肢。男子左腿不强，女子右腿偏弱，故易被湿邪所困。其一湿邪伤人必由风邪导入；其二湿为阴邪，少阳是弱阳，是故胆经之风市穴乃湿首占之据点也。欲解湿之所困，治标必泄风市，治本要补丘墟也。

二十七

虾眼疔，西医名为甲沟炎者，皆为肝肾不足所致也。肝主筋，爪为筋之余；肾主骨，指是骨之端。痛肿并发，阴火伤其气复伤其形也。若治之，民间有一偏方，是取龙井茶叶之凉气，配黑芝麻之补肝，佐细盐以入肾，上三味捣成糊状，以涂患处，一次知，三五次痊愈也。

二十八

肥人冬天早餐当吃一碗银粥，可保一日之内气正神足也。我之所谓银粥之做法，是取茯苓少许、青皮若干，半锅水熬滚，去其渣，复煮糯米、山药、肥大枣几枚，将粥烧至涟糊，待其温时加蜂蜜搅匀即可吃也。

二十九

虚人晚餐当吃一碗黄金粥也。我之黄金粥做法，取半只南瓜，洗净去其籽，切块丢入半锅水中，武火熬水滚，后下糯米并小米，改文火炖至涟糊，将熟南瓜碾碎，成一锅金汤。待温时取匙一口一口坐冬窗下慢吃，最养人也。

三十

养生之道需从“衣食住行”上留意。着衣适寒温，勿过多或少极，衣质当取棉第一、绸第二也；食要七分饱，谷肉果菜虽养人，当一适应体质，二需适令也；住房取小且向阳，以此聚气养神也；常散步，少开车，勿超强剧烈运动，以免伤其筋骨也。

三十一

多饮食，伐肠胃；多言笑，害心肺；多跑动，伤筋骨，欢情无度，病之存焉。《老子》有言：“飘风不终朝，暴雨不终日”，此为人之道，亦养生之道也。

三十二

病初愈，勿多食，莫过劳，别生气。逞强作巧，易伤肝肾；长卧懒言，难养心脾；中庸者，此处世之道，亦养生之道也。

三十三

千人一面，各个不同。所谓“一面”是讲人之形体与组织结构相同，所谓“不同”是言每人体质各异也。体质之本，本于阴阳。阴阳衍化，推之万千，人之不同即于此存焉，可谓一人自为一番天地。养生之道，道法自然。人之衣食住行，需尽量贴合自我之自然，切勿妄效于人、妄听人言也。其间之精微顺应，需于生活间细致体察，揣摩得之。

三十四

年少顺合大自然，以锻炼体魄；年老着意小自然，以修炼心性。

三十五

上工治人，下工治病。治病者，病无一根治；治人者，无一使病发。然世人常有病，甚至病重方求医，上工于此何为？仍治人为先，其次治病也。所谓治人者，当一调病人之精神，二理病人之饮食，使“病”孤立无“援”，病或有自愈者，若不然，此刻对证用针药，是围歼之法，病安能不尽除矣！

三十六

上工者，问道也；下工者，寻术也。术有万千，若不循道，临证如刻舟求剑，瞎猫逮鼠。道法一也。一生二、二生三、三生万千，如此临证方能举一反三、触类旁通，是谓大医！

三十七

男人炼胆，女人养心。心为君主之官，心安则五脏通泰，心主血脉，心健则血气充盈，妇人养心无疾而肤美；凡十一脏取决于胆也，胆为相火，相火生气，故男子胆壮则正气足，十二脏邪不相干也，是故男子病多从胆发，妇人病多从心入，良医当于此用心也！

三十八

妇人病多在于血也。然血之源脾胃，血之泵心脏，血之库肝，血之生化车间肾，血之输送肺之用也，医者治血之瘀阻多从肝治，此法如河道阻塞便放水库之水也，小患有效，大多生变也。良医于此，固然守方，也有调手，以兼治它脏。其所据者何？面色也。面青治肝，面红医心，面黄健脾，面白开肺，面黑强肾，不一而足，机变寓于不变之中矣！

三十九

或问：一事罢，囊肿发，何也？答曰：急缓使然也。谋事时，心气急；事成后，心气缓，急处耗气，缓者气散，气虚不制水，水性润下，故成囊肿也。

四十

神不稳，君火摇。君火不制下焦水，或遗尿或肛周囊肿，是水湿欲从二阴出，故治此二疾者，明医当于心处着手也。

四十一

大医者，菩萨心也；明医者，慧心也；庸医，一颗钱心是也。愿人皆安，宁我独贫，无此风范不学医也。

四十二

经方之用，明暗两招，破局一“合”字也。明招之用于难证，只需对症用方；暗招之用于旁证，缘来已察明病机。病势延久，症状驳杂，或病情危急者，合方可用。

四十三

醒来搓手，睡前暖脚；饮水常温，饮食勿饱；精神乐观，思虑应少；与人为善，别去争吵；远离刻薄，老成厚道；健康是大，养生为要。

四十四

日未出，不出门；日未落，早归家。男子午间宜补阳，妇人夜间宜养阴。妇人失眠，发枯面焦；男子贪睡，神灰意懒。子时护胆，午时养心。女孩子午间戒妄动，男孩子子夜勿着惊。

四十五

耳不顺，动肝火；心不正，邪入身。伤魂人多因私情小意，心正者不释家国情怀。

四十六

学《伤寒论》当先诵其文，后通其意，是通也；若不诵其文，先晓其意，终究不通也！因其脉证并治必烂熟于心，然后才得以临证之用也！

四十七

防病趁好，治病及早。早者，外邪触身、内邪初蒙也；好者，不过也，过即为病。早治早好，晚治不保；凡拼命赚钱者，必保命吃药，当需谨记，勿令悔矣！

四十八

春日劳作宜饮五样茶，则胃口好，神气足也。我之五样茶做法：肥大枣三枚、生姜片一薄片、山楂一枚、陈皮少许、党参适量，上五味合而烧水，蟹眼乍显即可，温服。

四十九

针宜简，药忌繁，针药并用解反烦。急刺郄，实泄子，真气不足就补原；药味少，药量足，一剂不知需忖度。

五十

春阳勃发，不宜起争恨斗气之心，于此当依势而为，素体肝旺之人或怀旧或侍弄庭院或漫步，皆是要徐徐疏解肝郁之气也。若不要命，春季妄动，是言春木喜条达、舒展，自然而然顺应其气，不执拗、勿拧巴，与人为善，如此则气血畅通，春不敛邪也！

五十一

春脉中规，肝气易急，行事宜和缓以养肝也；夏脉中矩，心气易旺，处世宜静闲以养心也；秋脉中衡，肺气易燥，为人润泽以养肺也；冬脉中权，肾气易浊，待人清爽莫使诡计以养肾也！我行我素，而不逾规矩；嬉笑怒骂，犹不失权衡，此养生之道亦处世之道也！

五十二

病之痛点，犹兵之扰处，兵之所以扰者，将之使也。孙子有云：“上兵伐谋。”是故上工行针，断非取激疼点，而在于刺使疼者也，《黄帝内经》有云：“粗守关，上守机”，诚为兵家道之用于医家也。

五十三

经方之妙，药味简约也；经方之要，药量顶足也。不敢大胆用重药，无以见仲景之雷霆手段；动辄一二十味药，的无仲景之机变巧思也。

五十四

行针之先，必有信。医者有信，便可聚力；患者有信，犹可生力，或逆或顺，无力难得补泄也。《黄帝内经》有云：“气至冲动”，若患者有信，其效尤凑；《黄帝内经》亦有言：“迎之随之，以意合之”，医者无信，难得意守也。信之要，医者知机之动；患者知医之能也。

五十五

养身之道，关键在于调养心神。心静五藏通泰；神定人即安和，何者？五神之主，神也；五藏之君，心也。心神静定者，内邪不得滋生，外邪无从侵扰也。

2018/2/8

城心洋房

进阶人生最初的向往

金地洋房

献礼生活的至高礼仪